Johannes Stocker
Elf Tage im März
Als Einsatzleiter in Winnenden

Johannes Stocker

Elf Tage
im März

Als Einsatzleiter
in Winnenden

SCM Hänssler

SCM

Stiftung Christliche Medien

© der deutschen Ausgabe 2012
SCM Hänssler im SCM-Verlag GmbH & Co. KG ·
71088 Holzgerlingen
Internet: www.scm-haenssler.de; E-Mail: info@scm-haenssler.de

Bildnachweis:
S. 26, © DRK Kreisverband Rems-Murr e.V., Werner Baller
© Smijlka Pavlovic, ZVW

Zeitungsartikel
Abdruck mit freundlicher Genehmigung aus:
Medien belagern Winnenden © Winnender Zeitung
vom 13. März 2009, S. 77
Florian Muhl, Matthias Nothstein, Peter Wark, Entsetzen pur nach dem Amoklauf in Winnenden © 2009 Backnanger Kreiszeitung, S. 65

Stuttgarter Nachrichten vom 23.03.2009, S. 121

Umschlaggestaltung: Jens Vogelsang, Aachen
Titelbild: © Polizeidirektion Waiblingen
Satz: typoscript GmbH, Walddorfhäslach
Druck und Bindung: CPI – Ebner & Spiegel, Ulm
Gedruckt in Deutschland
ISBN 978-3-7751-5404-8
Bestell-Nr. 395.404

Inhalt

Eine persönliche Einführung zum Buch 9

Wie ich wurde, wer ich bin 15

Mittwoch, 11. März 2009 19

Donnerstag, 12. März 2009..................... 65

Freitag, 13. März 2009 77

Samstag, 14. März 2009 89

Sonntag, 15. März 2009 99

Montag, 16. März 2009 105

Dienstag, 17. März 2009 bis
Freitag, 20. März 2009 109

Samstag, 21. März 2009 113

Der Tag danach 121

Nachwort 129

Danksagung 133

Dieses Buch widme ich meiner Frau Steffi und
meinen beiden Söhnen Kevin und Dennis.

Ihr begleitet mich jetzt schon sehr viele Jahre und ihr kennt mich
mit allen Höhen und Tiefen, die das Leben mit sich gebracht hat.
Es war und ist sicherlich nicht immer einfach mit mir, dennoch
habt Ihr auf vielfältigste Weise dazu beigetragen, dass jeder Tag
mit Euch zu etwas ganz Besonderem geworden ist. Es tut mir
gut, Euch an meiner Seite zu haben. Danke für die Zeit, für das
Verständnis und für die Geduld, die Ihr mir immer entgegenge-
bracht habt.

Ich bin froh, dass es Euch gibt.

Eine persönliche Einführung zum Buch

von Pfarrer Gerhard Kern

Mit-Betroffen

Dieses Buch erzählt aus der Sicht des Rettungsdienstleiters Johannes Stocker von den Ereignissen des Amoklaufs in Winnenden.

Ich schreibe dieses Vorwort zum Buch meines Freundes Johannes Stocker zunächst in großem Respekt vor den Eltern und Angehörigen von Winnenden. Sie alleine müssen diesen wohl größten Einschnitt in ihrer Lebensgeschichte bewältigen. Sie sind es, die gezwungen wurden, den mühevollen Weg der Trauer zu gehen. Sie sind es, die das Unbegreifliche zu begreifen versuchen. Sie sind es, die das große »Warum?« aushalten müssen.

Einsatzkräfte sind zunächst nicht diejenigen, die das Leid tragen müssen. Erfahrene Einsatzkräfte wissen, dass es egoistisch wäre, so zu tun, als hätte man selbst eine Tochter oder einen Sohn verloren. Sie sind *nur* mitbetroffen. Aber eben genau das sind sie. Mitbetroffen.

Von Johannes Stocker habe ich gelernt, dass Rettungsdienstler keine kalten Profis sind. Im Gegenteil. Im Einsatz erlebt man sie zwar hoch konzentriert, oft scheinbar ohne Gefühle. Aber die meisten lachen gerne und viel, machen Späße und sind zugleich aufgrund ihrer Grenzerfahrungen wunderbar tiefgründige Gesprächspartner. Rettungsdienstler müssen oder wollen manches verdrängen und werden doch, wenn sie im »stillen Kämmerlein« sitzen, von ihren Gefühlen überwältigt.

Ich kenne auch etliche, die immer wieder einmal in einer Kirche sitzen, auf den gekreuzigten Christus schauen und sehr wohl eine Ahnung davon haben, warum uns Gott gerade in der Ohnmacht und im Tod begegnet. Denn dem Tod zu begegnen und im schlimmsten Fall ohnmächtig davor zu stehen, nicht mehr helfen zu können, das ist die größte persönliche Herausforderung für Menschen, die im Rettungsdienst arbeiten. Denn eigentlich sind sie beseelt von der Idee zu helfen. Dazu lassen sie sich aus- und fortbilden. Dazu sind sie ausgerüstet mit moderner Technik. Und sie verschreiben sich der Aufgabe Leben zu bewahren und zu retten.

Rettungskräfte lernen aber auch Situationen kennen, in denen ihnen alles aus der Hand genommen wird. So stehen sie in ihrem Helferberuf auch ganz persönlich vor der Frage: Was trägt mich nun, da mein ganzes menschenmögliches professionelles Handeln nichts mehr nützt? Dass mancher dabei einen Zugang zum christlichen Glauben findet, wundert nicht. Und mancher schöpft aus der Tatsache, dass Gott inmitten von Ohnmacht und Tod nahe ist, die Kraft um weiterzumachen.

Der Amoklauf in Winnenden war nicht nur für die Angehörigen, sondern auch für die Einsatzkräfte ein Ausnahmeereignis. Für manchen von ihnen war dieses Ereignis ein Stück weit lebensverändernd. Einige nahmen dieses Geschehen als Mit-Betroffene mit in ihr weiteres berufliches Handeln und in ihr persönliches Denken und Empfinden. Auch Johannes Stocker.

»Ich glaube, ich muss das einmal alles aufschreiben«

»Ich glaube, ich muss das einmal alles aufschreiben ... und wenn es nur für mich ist.« Johannes Stocker, der Autor dieses

Buches, sagte das am Telefon zu mir. Er: Rettungsdienstleiter im Rems-Murr-Kreis. Ich: Gerade als Militärpfarrer mit deutschen Soldaten im Auslandseinsatz im Kosovo. Es war Donnerstag, der 12. März 2009, einen Tag nach dem Amoklauf.

Die erschütternde Meldung von den Ereignissen im fernen Deutschland hatte sich auch im Bundeswehrfeldlager Prizren verbreitet. Und weil es auch im Kosovo deutsches Fernsehen gab, nahmen viele Soldatinnen und Soldaten der Bundeswehr Anteil an dem, was in Winnenden geschehen war.

Überall begegnete mir betroffenes Kopfschütteln. Viele Soldaten sprachen aus, was auch ich empfand: Da fliegt man von Deutschland aus in eine gefährdete Region auf den Balkan und in der sicher geglaubten Heimat ereignet sich eine so mörderische Gewalttat.

Dann wurde bekannt, dass auch ein Junge ums Leben kam, der ursprünglich aus dem Kosovo stammt. Die Katastrophe von Winnenden rückte noch näher zu uns. Der Junge war mit seiner Familie aus dem Kosovo geflüchtet, hatte in Deutschland eine sichere zweite Heimat gesucht. Und ebendort, wo die Familie sich in Sicherheit wähnte, verlor er sein Leben. Der Junge wurde wenige Tage nach dem Amoklauf bei uns im Kosovo in seiner eigentlichen Heimat beigesetzt. Der deutsche Botschafter nahm an der muslimischen Trauerfeier teil.

Die Ereignisse von Winnenden waren also auch für mich als Militärpfarrer im Auslandseinsatz ein Thema. Ein Thema, das den Alltag und die Gespräche mit den Soldaten beherrschte und bedrückte. Auch im Kosovo beteten wir in den Gottesdiensten für die Opfer und ihre Angehörigen.

Ebenso galten unsere Fürbitten den Einsatzkräften. Ich spürte in diesen Tagen bei den Soldaten eine deutliche Solidarität mit den Uniformträgern und Sanitätern in Winnenden. Diese Solidarität hat einen tieferen Grund. Denn zwischen dem heutigen Soldatenberuf und den Aufgaben von Polizisten und Rettungsdienstlern in Deutschland gibt es gewisse Übereinstimmungen. Unschuldige Menschen sollen vor Gewalttätern geschützt und menschliches Leben soll gerettet werden, so heißen die Aufgaben, die diese Berufe gemeinsam haben. Und so kennt auch mancher Soldat die Ohnmacht und die Angst vor dem Gefühl des Versagens, die sich einstellen, wenn es eben nicht gelingt, das zu tun, wofür man da ist: Leben schützen oder retten.

Auch auf der ganz persönlichen Ebene war ich hineingezogen und aufgewühlt. Denn gleich bei den ersten Fernsehbildern erkannte ich Johannes Stocker, den Rettungsdienstleiter. Vor seiner Zeit im Rems-Murr-Kreis hat er einige Jahre lang den Rettungsdienst im Hohenlohekreis geleitet. Damals waren wir Weggefährten. Ich war von kirchlicher Seite aus für die Notfallseelsorge im Hohenlohekreis verantwortlich. Kein Monat verging damals, ohne dass wir uns begegneten. Meistens haben wir uns in der Rettungsleitstelle zu Besprechungen unserer Projektgruppe getroffen. Dabei besprachen wir die zurückliegenden Einsätze der Notfallseelsorge. Unsere Aufmerksamkeit galt den Betroffenen und den Rettungskräften gleichermaßen. Wir besuchten außerdem gemeinsam Notfallseelsorge-Fortbildungen in der Evangelischen Akademie Bad Boll und ebenso haben wir auch manchen Gottesdienst vorbereitet und gefeiert. Diese gemeinsamen Aufgaben haben uns verbunden und zu Freunden werden lassen.

Nach seinem Weggang aus dem Hohenlohekreis haben wir uns seltener gesehen. Doch wenige Wochen vor dem Amoklauf meldete er sich bei mir. Er und seine Frau Steffi wünschten sich, ich möge ihre kirchliche Trauung durchführen. Ich hatte zugesagt. Nach meinem Auslandseinsatz. Im September.

Und nun sah ich ihn als Rettungsdienstleiter im Fernsehen beim Einsatz in Winnenden. Lange überlegte ich, ob ich ihn anrufen sollte. Ich wusste, was jetzt auf ihn einströmte. Schließlich schickte ich eine E-Mail. Die Antwort ließ nicht lange auf sich warten. Am Abend telefonierten wir lange.

Schon bei diesem ersten Telefongespräch sagte er diesen Satz: »Ich glaube, ich muss das alles aufschreiben ... und wenn es nur für mich ist.«

Sechs Monate nach dem Amoklauf standen er und seine Frau Steffi vor mir in der Kirche. Es war ein ehrlicher und sehr bewegender Traugottesdienst. Das Schicksal der Kinder von Winnenden und die Mit-Betroffenheit meines Rettungsdienst-Freundes waren nicht ausgeklammert. Es stand ein Brautpaar vor mir mit einem tiefen Wissen darum, wie begrenzt unser Leben und wie wertvoll jeder Tag ist. Ihr Trauspruch aus Psalm 31, 16 hieß: »Meine Zeit steht in deinen Händen.«

Johannes Stocker hat alles aufgeschrieben. Und er hat es nun eben nicht nur für sich aufgeschrieben. Er berichtet im vorliegenden Buch von den Ereignissen über den Zeitraum von 11 Tagen.

Ich wünsche diesem Buch, dass es den interessierten Leserinnen und Lesern einen hilfreichen Einblick gibt in den rettungsdienstlichen Blickwinkel. Allen Betroffenen und Mit-Betroffenen möge es ein weiterer Baustein und eine Hilfe beim Verarbeiten und Durchdenken des Geschehens sein.

Gerhard Kern
Kupferzell im Juni 2012

Wie ich wurde, wer ich bin

Ich war gerade zwölf Jahre alt, als in meinem Leben der Grundstein für meinen beruflichen Werdegang gelegt wurde. Lokomotivführer oder Feuerwehrmann – diesen typischen Wunschberufen kleiner Jungs war ich entwachsen. Über meine Zukunft machte ich mir 1973 aber noch nicht wirklich Gedanken. Trotzdem wurde in dieser Zeit eine entscheidende Weiche gestellt.

Im Schulunterricht gab es damals noch das Fach Heimatkunde. Wir lernten Interessantes und weniger Interessantes über unsere Region und die örtlichen Begebenheiten.

Während des Unterrichts wurden auch die verschiedenen sozialen Einrichtungen unserer Stadt vorgestellt. Wir erfuhren, welche Geschichten mit ihnen verbunden sind und welche Aufgaben diese Organisationen erfüllen. Unter anderem kamen wir in einer Schulstunde auch auf das Deutsche Rote Kreuz zu sprechen. Je mehr ich darüber erfuhr, desto stärker wuchs mein Interesse an dieser Organisation.

Ich kann heute nicht mehr genau sagen, was mich am Roten Kreuz mehr faszinierte: Ob es die Geschichte des Gründers Henry Dunant war oder ob mich die vielfältigen Aufgaben, die dieses Rote Kreuz wahrnimmt, in ihren Bann zogen. Aber ich war damals schon ein Freund spontaner Entscheidungen und so machte ich mich noch am selben Nachmittag mit großen Erwartungen auf den Weg zur Kreisgeschäftsstelle des Deutschen Roten Kreuzes in Öhringen.

Vor einer großen Tür mit der entsprechenden Aufschrift hielt ich kurz inne und klopfte dann entschieden an. Ein zackiges »Herein« gewährte mir Einlass. Ich stand direkt im Büro des Geschäftsführers und war maßlos enttäuscht: hohe Papierberge, muffige Büroluft, komische Ordnerschränke und eine endlose Papierschlange, die aus einer Rechenmaschine quoll. Was hatte das mit dem Roten Kreuz zu tun?

Wohin ich auch schaute, es war nichts von dem zu sehen, was wir in der Schule gelernt hatten. Weit und breit keine Binden, keine Tragen, keine Sanitätstaschen, keine Funkgeräte – einfach gar nichts.

Trotzdem erzählte ich dem freundlichen Herrn von der Schulstunde und meiner Begeisterung. Ich teilte ihm mit, dass ich nun zum Roten Kreuz wolle. Er war verblüfft und wir schauten uns eine Weile ratlos an. Ich wusste nicht, wie es jetzt weitergehen würde, und er wusste nicht, was er mit mir anfangen sollte. Aber diese erste, etwas unbeholfene Begegnung war das Startsignal für die Gründung einer Jugendrotkreuzgruppe in Öhringen. Vier spannende Jahre prägte mich diese Gruppe. Wir unternahmen von Ausflügen bis zu Nachmittagsveranstaltungen im Seniorenheim die unterschiedlichsten Dinge. Natürlich machten wir eine Erste-Hilfe-Ausbildung. Besonders aufregend war es, wenn wir Sanitäter auf Diensteinsätze begleiten durften und so in »offizieller Funktion« zum Beispiel bei kleineren Sportveranstaltungen dabei waren. In dieser Zeit habe ich endgültig Feuer gefangen und so wechselte ich wie selbstverständlich mit 16 Jahren zu den Aktiven.

In meiner Freizeit habe ich verschiedene Ausbildungen absolviert, damit ich endlich richtig im Sanitätsdienst eingesetzt werden konnte, und das wurde ich auch. Trotzdem war es zu diesem Zeitpunkt keine Option, aus meiner Leidenschaft einen Beruf zu machen. Eine anerkannte Ausbildung zum Rettungsassistenten gab es noch nicht. Aber natürlich musste ich einen Beruf lernen, mit dem ich meine Brötchen verdienen konnte. Nur hatte ich keinerlei Vorstellungen davon, was ich machen sollte. Da mir auf den Vorschlag meines Vaters Werkzeugmacher zu werden kein Gegenargument einfiel, schlug ich diesen Weg ein und begann die entsprechende Ausbildung. Das entpuppte sich jedoch schnell als schlechte Wahl. Der Beruf lag mir überhaupt nicht und ich habe mich regelrecht durch die Ausbildung gequält. Lieber verbrachte ich jede freie Minute bei »meinem« Roten Kreuz. Dass ich die Ausbildung überhaupt bis zum Ende durchgezogen habe, lag am damaligen DRK-Krankentransportleiter – so die frühere Bezeichnung. Er hat mich dazu überredet, die Berufsausbildung abzuschließen und erst danach als Sanitäter zu arbeiten, wenn ich das dann noch immer wollte.

Also absolvierte ich meine Ausbildung zum Werkzeugmacher und schloss sie auch mit der Gesellenprüfung ab, um dann umgehend in ein neues Arbeitsverhältnis mit dem Deutschen Roten Kreuz zu wechseln.

Meine damaligen Azubi-Kollegen haben mich für verrückt erklärt. Durch den Stellenwechsel verdiente ich über 500 DM netto weniger als die Kollegen, die im Beruf geblieben waren. Aber dieses Argument hat für mich überhaupt keine Rolle gespielt. Auf Geld kam es mir nicht an, der Beruf, oder besser gesagt die Berufung, musste passen.

Genau drei Tage nach meiner Gesellenprüfung saß ich in einem Unterrichtsraum der DRK-Landesschule in Pfalzgrafenweiler und begann die Ausbildung zum Rettungssanitäter.

Im Laufe der Jahre sah ich noch viele Unterrichtsräume von innen. Es kamen immer wieder Fachausbildungen, Schulungen, Lehrgänge, Fortbildungen und Studiengänge dazu.

Den Rettungsdienst habe ich von der Pike auf gelernt und ich bin meinen damaligen Förderern – Chefs wie Kollegen – heute noch für die Unterstützung und die vielen Möglichkeiten dankbar. Ich durfte in sämtlichen Bereichen arbeiten. Ich fuhr auf Krankenwagen, Rettungswagen, Babynotarztwagen und flog auf Rettungshubschraubern und Ambulanzjets. Die Höhen und Tiefen einer Leitstelle habe ich hautnah erlebt.

Für mich ist der Rettungsdienst mehr als ein Beruf. Er ist eine Lebensaufgabe. Ich kann mir nichts anderes vorstellen, das ähnlich erfüllend wäre. Kein Tag verläuft wie der andere, es gibt immer unerwartete Herausforderungen zu bewältigen. Gleichzeitig ist dieser Beruf auch ein Wagnis. Die Verdienst- und Aufstiegsmöglichkeiten sind gering. Im Gegensatz zu dem, was Fernsehserien vermuten lassen, geht man am Ende des Tages auch nicht als großer Held nach Hause. Aber trotzdem möchte ich mit niemandem tauschen. Die soziale Ader für diesen Beruf muss man vermutlich schon in die Wiege gelegt bekommen haben.

Auch heute noch, nach über 30 Jahren, ist der Beruf für mich spannend, obwohl sich meine Rolle geändert hat. Seit 2002 bin ich der Leiter des DRK-Rettungsdienstes im Rems-Murr-Kreis.

In den vergangenen Jahren und Jahrzehnten habe ich unzählige Einsätze mitgemacht. Wer im Rettungsdienst arbeitet, der ist es gewohnt, mit Grenzsituationen umzugehen. Ein Tag hat sich jedoch unauslöschlich eingebrannt: der 11. März 2009 mit allen Ereignissen, die die Folgezeit mit sich brachte. Durch diese elf Tage können Sie mich auf den nächsten Seiten begleiten.

Mittwoch, 11. März 2009

Noch ist alles ruhig in Schwaikheim. Der kleine Ort mit 9400 Einwohnern liegt nordöstlich von Stuttgart zwischen Waiblingen und Winnenden. Das Städtchen ist umgeben von malerischen Streuobstwiesen, die sich mit weiten, fruchtbaren Feldern und kleinen Hügeln abwechseln. Hier habe ich mir mit meiner Frau vor fünf Jahren ein kleines Häuschen gekauft und umgebaut. Wir leben gern hier, fühlen uns wohl und genießen das gute nachbarschaftliche Verhältnis. Von schwäbischen Klischees wie der wöchentlichen Kehrwoche und Ähnlichem sind wir weit entfernt, dafür genießen wir die typische Geselligkeit bei spontanen Grillfesten oder einer Hocketse, einem schwäbischen Freiluftfest. Im Moment ist an dergleichen allerdings noch nicht zu denken, der Frühling scheint noch weit entfernt zu sein.

5.40 Uhr

Der Funkwecker klingelt. Erst nach zwei weiteren Wecksignalen schalte ich ihn schlaftrunken aus.

Es ist ein nasskalter Morgen mit Temperaturen knapp unter dem Gefrierpunkt. Der Winter hält sich in diesem Jahr besonders lange und hartnäckig, was sich negativ auf den Heizölverbrauch auswirkt. Nur widerwillig schäle ich mich aus dem warmen Bett und taste mich im Dunkeln bis zur Kommode vor, auf der meine Kleidung liegt. Nach einer Nacht mit geöffnetem Fenster ist es im Schlafzimmer eisig – und meine Kleider sind es auch.

Es ist noch alles ruhig. Ich bin froh, dass das auch für mein Herz gilt.

Seit Anfang des Jahres macht es mir immer wieder Probleme. Von einem auf den anderen Moment fängt es an zu stolpern und unregelmäßig zu schlagen. Warum ich aus heiterem Himmel mit Herzrhythmusstörungen zu kämpfen habe, ist mir ein Rätsel. Heute macht es mir beim Aufstehen jedoch keine Probleme.

Eine knarrende Holztreppe führt vom Schlafzimmer ins Erdgeschoss hinunter.

Nachdem ich das Licht im Flur angeschaltet habe, geht mein erster Weg morgens zur Musikanlage im Wohnzimmer.

Aus den Boxen ertönen die letzten Klänge eines Musiktitels, der von unserem Haussender SWR 1 in der Sendung »Guten Morgen, Baden-Württemberg« ausgestrahlt wird. Bruchstückhaft nehme ich die Stimme des aufgeweckten, gut gelaunten Moderators wahr, der vom nahen Frühlingsanfang erzählt, während ich ins Bad verschwinde.

Knappe 25 Minuten später bin ich wach und bereit, in den Tag zu starten. Ich wecke meine Frau Steffi, setze Teewasser auf und bereite das Frühstück vor, während meine Frau ins Bad geht. Ein ganz normaler Morgen.

Ich packe mir für den Tag noch einen Apfel ein – das ist nicht viel, aber mir genügt es. Nachdem meine Frau so weit ist, trinken wir unseren Tee und verlassen dann gemeinsam das Haus.

6.55 Uhr

Obwohl es schon März ist, sind die Scheiben meines Dienstwagens zugefroren und ich muss sie erst freikratzen. Der weiße Mercedes C 220 ist nicht ohne Weiteres als Einsatzfahrzeug zu erkennen, er ist allerdings mit allen notwendigen Besonderheiten ausgestattet: Blaulicht, Sondersignalanlage, Funk und Telefon. Das hat den Vorteil – und auch den Nachteil –, dass ich jederzeit für besondere Einsätze zur Verfügung stehe. Von unserem Haus in Schwaikheim fahren wir über die B 14 nach Waiblingen. Für die etwa 7 Kilometer lange Strecke benötigen wir entspannte 10 Minuten, wenn alles gut läuft. Durch die vielen Pendler nach Stuttgart macht sich morgens jede Minute, die man sich später auf den Weg macht, bemerkbar. Heute kommen wir ohne Probleme durch.

7.05 Uhr

Nachdem ich meine Frau an ihrer Dienststelle bei der Landesbehörde abgesetzt habe, komme ich kurz nach sieben Uhr an meiner Arbeitsstelle an. Die Kreisgeschäftsstelle des DRK-Kreisverbandes Rems-Murr e.V. liegt am Ortseingang von Waiblingen, ganz in der Nähe der B 14.

Waiblingen ist Kreisstadt und mit knapp 53 000 Einwohnern gleichzeitig die größte Stadt des Rems-Murr-Kreises. Sie befindet sich etwa 10 Kilometer nordöstlich von der Landeshauptstadt Stuttgart. Das amtliche Fahrzeugkennzeichen lautet WN für Waiblingen, es wird jedoch sehr oft mit der Stadt Winnenden in Verbindung gebracht.

Die Kreisgeschäftsstelle ist ein klassischer Verwaltungsbau mit nüchterner Architektur und zweckmäßiger Einrichtung aus den siebziger Jahren. Das zweistöckige Flachdachgebäude besteht aus Betonfertigteilen und sieht so schnörkellos aus, wie man sich einen Verwaltungsbau vorstellt.

Im Untergeschoss beherbergt die Kreisgeschäftsstelle die Büroräume unseres Hausnotrufdienstes, einen Lehrmittelraum, einige Lagerräume für die Ausbildungsabteilung und einen Raum für das Jugendrotkreuz.

Im Erdgeschoss befindet sich die Lehrrettungswache Waiblingen mit einem angrenzenden Garagentrakt. An dieser Rettungswache sind drei Notarzteinsatzfahrzeuge, drei Rettungswagen und vier Krankentransportwagen stationiert. Insgesamt sind dort über 30 Mitarbeiter und Mitarbeiterinnen beschäftigt.

Hier absolvieren angehende Rettungsassistenten ihr praktisches Ausbildungsjahr, dabei werden sie von Lehrrettungsassistenten begleitet. Diese Ausbildung lässt sich vom Niveau in etwa mit der Meisterausbildung der Handwerksberufe vergleichen. Den Abschluss bildet ein Staatsexamen.

Neben der Rettungswache ist im Erdgeschoss noch ein großer Lehrsaal für die unterschiedlichsten Veranstaltungen untergebracht.

Im ersten und zweiten Obergeschoss des Gebäudes sind alle Abteilungen zu finden, die eine Verwaltungsstelle braucht: von der Poststelle bis zur Verwaltung für das FSJ (Freiwilliges Soziales Jahr) und den BFD (Bundesfreiwilligendienst) und natürlich die Büros der Kreisgeschäftsstelle und die Integrierte Leitstelle. Die Integrierte Leitstelle trägt ihren Namen deswegen, weil sie sowohl für den Rettungsdienst als auch für die Feuerwehr Notrufe entgegennimmt und Einsätze koordiniert. Die Leitstelle ist zuständig für den 858 km² großen Rems-Murr-Kreis mit seinen ca. 420 000 Einwohnern und zusätzlichen Pendlern. Die Mitarbeiter koordinieren rund 70 000 Einsätze in der Notfallrettung und im Krankentransport. Dazu kommen 1 400 Feuerwehreinsätze pro Jahr. Um diese Anzahl von Einsätzen bewältigen zu können, stehen elf Rettungswagen, sieben Notarzteinsatzfahrzeuge sowie 15 Krankentransportfahrzeuge zur Verfügung. Damit der Dienstbetrieb rund um die Uhr an 365 Tagen im Jahr gewährleistet werden kann, sind 140 hauptberufliche Mitarbeiter sowie zusätzliche Ehrenamtliche nötig. Für Feuerwehreinsätze stehen 100 Feuerwehrabteilungen in den jeweiligen Gemeinden bereit. Was die

Kollegen hier tagtäglich logistisch stemmen, begeistert mich auch nach jahrelanger Dienstzeit immer wieder neu.

Mein Büro, das meines Stellvertreters und das unserer Assistentin befindet sich im zweiten Obergeschoss des Verwaltungsgebäudes in einem abgeschlossenen Trakt. Der Zugang ist nur mit einem separaten Schlüssel möglich. Diese Abgrenzung ist deshalb notwendig, weil wir Aufgaben im Sinne der BOS (Behörden und Organisationen mit Sicherheitsaufgaben) wahrnehmen und damit auch für die Gefahrenabwehr im nichtpolizeilichen Bereich zuständig sind. Das heißt, dass unsere Einsätze im Rettungsdienst und bei der Feuerwehr wichtig für die Sicherheit in der Region sind, sie laufen aber unabhängig von der Polizei ab. Diese Sicherheitsaufgabe und sensible Daten machen es also nötig, dass unser Bereich entsprechend abgetrennt ist.

Mein Büro ist unspektakulär eingerichtet. Auf 16 m² finden ein großer Schreibtisch, ein Besprechungstisch für drei Personen und mehrere Aktenschränke Platz. An den Wänden hängen eine Korktafel für die üblichen Aushänge, ein Jahreskalender, eine Kreiskarte des Rems-Murr-Kreises für die grobe Orientierung bei Einsatzlagen und einige sehr wenige persönliche Dinge und Bilder. Auf der Fensterbank steht eine sehr dankbare Pflanze, die zum Glück auch eine Zeit lang ohne Wasser auskommt.

Mein Stellvertreter, der gleichzeitig Leiter der Leitstelle ist, sowie unser EDV-Administrator und Führungsmitglied der Rettungsdienstleitung sind heute zusammen mit mir eingetroffen.

Wir alle beginnen unseren Dienst nach Möglichkeit immer um 7.00 Uhr, da um diese Zeit noch ein ungestörtes Arbeiten ohne Telefonate möglich ist. Das ist die Ruhe vor dem Sturm. Ab 8.30 Uhr gilt es, das normale Tagesgeschäft mit allen spontanen Unterbrechungen abzuwickeln. Von einem Arbeitstag bei uns in der Verwaltung sind nur etwa 25 Prozent selbstbestimmt, der Rest besteht aus tagesaktuellen Themen.

Nachdem ich meinen Mantel in den Schrank gehängt, das Fenster zum Lüften geöffnet und den PC gestartet habe, hole ich mir wie immer gut gelaunt einen Kaffee im Sozialraum der Leitstelle. Sie ist zu diesem Zeitpunkt regulär mit zwei Mitarbeitern besetzt. Es war offensichtlich eine ruhige Nacht ohne besondere Vorkommnisse.

Im Büro meines Stellvertreters lassen wir beide den gestrigen Tag kurz Revue passieren und besprechen die anstehenden Aufgaben.

Für heute sind zwei Termine geplant: 9.30 Uhr ist der Besuch eines Mitarbeiters unserer Bekleidungsfirma für Schutzkleidung eingetragen. Der zweite Termin, ein Personalgespräch, ist für 14.30 Uhr vorgesehen.

Mein Stellvertreter hat heute Unfallmeldungen zu prüfen und sich um die Schadensregulierungen zu kümmern. Neben diesen Aufgaben gehören das Gebäudemanagement, die Fahrzeugbeschaffungen und der administrative Dienstbetrieb der Integrierten Leitstelle zu seinen Hauptbereichen. Er ist ein immens kompetenter Kollege in den Bereichen des Funk- und Fernmeldewesens und genießt deshalb nicht nur landesweit große Anerkennung. Er ist ein Mann, der sich durch Zielstrebigkeit, Ausdauer und klare Strukturen auszeichnet. Dazu kommen ein ausgeprägter Gerechtigkeitssinn und eine gewisse Hartnäckigkeit. Er ist seit Jahren ein echter Gewinn für unseren Kreisverband. Obwohl er sehr perfektionistisch veranlagt ist, ist er alles andere als ein Pedant.

Mit seiner fast 40-jährigen Berufserfahrung in diesem Kreisverband kennt er alle Höhen und Tiefen und ist von Anfang an der ideale Partner an meiner Seite gewesen, der mich immer fair und ehrlich beraten hat. Gerade zu Beginn einer neuen Tätigkeit in einem neuen Arbeitsumfeld ist es wichtig, einen zuverlässigen Partner an seiner Seite zu haben.

Ich hatte das Glück einen solchen Partner zu bekommen und bin heute noch dankbar dafür. Wir haben auch einen sehr ähnlichen Humor und lachen auch ganz gerne mal über uns selbst. Als Mittfünfziger ist er in beneidenswert guter Form: jung geblieben und sehr sportlich.

In den ganzen Jahren unserer Zusammenarbeit ist ein sehr vertrauensvolles, offenes und kollegiales Klima in »unserer Chefetage« entstanden. Dies trägt mit dazu bei, dass keiner von uns die Bodenhaftung verliert.

8.00 Uhr

Der Arbeitstag beginnt bei uns beiden mit den üblichen administrativen Aufgaben.

Heute liegt bei mir die Bearbeitung der Kostenblätter für die Notfallrettung an. Auf dieser Grundlage werden das Jahresbudget und die jeweiligen Tarife berechnet.

Diese Tätigkeit zählt nicht gerade zu meinen Lieblingsbeschäftigungen, gehört aber nun mal zu meinem Aufgabenbereich. Neben der finanziellen Verantwortung habe ich auch die personelle Verantwortung für die über 140 Mitarbeiter meiner Abteilung.

Seit April 2002 bin ich Leiter des Rettungsdienstes und es gibt keinen Tag, an dem ich nicht gerne zur Arbeit gegangen wäre. Dies liegt zum einen am netten Kollegenkreis und zum anderen an den Gestaltungsmöglichkeiten, die uns dieser Kreisverband lässt. Dazu gehören eine große Portion gegenseitiges Vertrauen und vor allem der nötige Respekt vor dem anderen. Beides muss man sich erarbeiten.

Mittlerweile geht es auf 9.00 Uhr zu und der diensthabende dritte Disponent kommt an unseren Büros vorbei, begrüßt uns kurz per Handschlag und nimmt dann in den Räumlichkeiten der Leitstelle seine Arbeit auf. Diese Räume umfassen etwa

150 m² und sind mit fünf Disponentenplätzen zur Notrufabfrage sowie zur Einsatzdisposition ausgestattet.

Jeder dieser Arbeitsplätze ist mit fünf Monitoren und einem Bedienfeld für Telekommunikation und Funk versehen. Jeder Disponent, egal an welchem Disponentenplatz er sitzt, findet immer den gleichen Arbeitsplatz mit der gleichen Anordnung vor. Das ist das Herzstück unseres Rettungsdienstes.

Johannes Stocker in der Integrierten Leitstelle

Neben den Disponentenplätzen bieten die Räumlichkeiten noch Platz für den Lagedienstführer und einen Technikraum. In diesen Räumen sorgt eine Klimaanlage dafür, dass selbst bei Höchsttemperaturen im Sommer die Technik so funktioniert wie sie soll.

Der Tag verläuft – für unsere Verhältnisse – völlig normal. Das heißt, dass sich derzeit zwei Notarzteinsatzfahrzeuge inklusive Notärzten, fünf Rettungswagen sowie alle fünfzehn Krankentransportfahrzeuge im Einsatz befinden.

> **Ca. 9.15 Uhr: Tim K. läuft in schwarzer Kampfkleidung zur Albertville-Realschule**

Auch bei uns in der Rettungsdienstverwaltung ist alles im grünen Bereich. Ich bin mit mir und dem bisherigen Tagesverlauf zufrieden.

Zwischenzeitlich hat unsere Assistentin wie jeden Morgen die Postmappe vorbereitet, in der sich der Schriftverkehr mit Sozial- und Innenministerium, dem Landkreis, den Gemeinden und anderen Geschäftspartnern befindet.

Bald ist es Zeit für unseren ritualisierten täglichen »Halbzehnkaffee«. Wir haben seit Jahren zwei feste Rituale in unseren Reihen. Das erste besteht aus dem »Freitags-LKW« (Leberkäs-Weck, ein Brötchen mit einer Scheibe Leberkäse), den wir jeden Freitag um 9.00 Uhr zusammen mit einer Tasse Kaffee genießen. Das zweite Ritual ist unser täglicher »Halbzehnkaffee«, der nun näher rückt.

> **9.30 Uhr: Tim K. dringt in das Schulgebäude ein und fängt an, auf Schüler und Lehrer zu schießen.**

Ich bin etwas spät dran und will gerade mein Büro in Richtung Pausenraum und »Halbzehnkaffee« verlassen, als mein Stellvertreter zur Tür hereinkommt. »Es gibt in einer Schule in Winnenden eine Lage«, teilt er mir mit.

Als »Lage« bezeichnen wir Einsätze, die über den regulären Dienstbetrieb und -ablauf hinausgehen. Dies kann zum Beispiel ein Verkehrsunfall oder ein medizinisches Ereignis (z. B. Salmonellenvergiftung) sein, bei denen von Meldungsbeginn an mit einer hohen Anzahl von betroffenen oder verletzten Personen zu rechnen ist.

»Ja gut«, denke ich zunächst bei mir, »Lagen haben wir in den vergangenen Jahren immer wieder gehabt, und wir werden uns wohl auch in Zukunft damit beschäftigen müssen. Das bringt unser Beruf eben so mit sich.« Diesen kurzen Gedanken verwerfe ich aber sofort, als ich meinem Kollegen ins Gesicht sehe.

Ich kann behaupten, dass wir uns mittlerweile sehr gut kennen und ich auch seine Mimik bei bestimmten Themen deuten kann. Diesen Gesichtsausdruck habe ich aber in den ganzen Jahren so noch nie und bisher auch nicht wieder gesehen: eine Mischung aus Fragen, Skepsis und Dramatik. Dann ist er auch schon wieder verschwunden. Ich mache mich mit einem flauen Gefühl im Magen auf den Weg zur Integrierten Leitstelle.

9.34 Uhr

Als ich die Leitstelle betrete, sehe ich, dass sich auch hier die Situation komplett verändert hat. Auf allen Leitungen kommen Notrufe von Schülern aus unterschiedlichsten Klassen der Albertville-Realschule an.

Die Meldungen haben immer den gleichen Inhalt: In der Schule wird geschossen. Sechs Notrufe erreichen die Leitstelle direkt aus den betroffenen Klassenzimmern. An der Mimik und Gestik jedes einzelnen Disponenten kann man erkennen, welches Drama sich gerade am anderen Ende der Leitung abspielen muss. Die Mitarbeiter sind Notfälle gewöhnt, aber diese Situation lässt auch sie nicht kalt.

Zur gleichen Zeit erreicht uns auch vom Führungs- und Lagezentrum der Polizeidirektion Waiblingen die Information über eine Schießerei an der Albertville-Realschule.

Zum flauen Gefühl im Magen kommt jetzt eine angespannte Unruhe, die meinen Blutdruck in Alarmbereitschaft versetzt. Ich gehe in mein Büro und greife mir mein Handy und ein tragbares Funkgerät.

Aufgrund der immer gleich lautenden Meldungen werden parallel zu den eingehenden Notrufen sofort die ersten Rettungsmaßnahmen eingeleitet. Ein in Winnenden stationierter Rettungswagen wird zeitgleich mit dem in Waiblingen stationierten Notarzteinsatzfahrzeug alarmiert. Beide Besatzungen werden über den Schusswaffengebrauch in der Schule informiert. Die Maschinerie beginnt anzulaufen.

9.35 Uhr: Drei Polizisten stürmen das Schulgebäude. Im oberen Stockwerk stoßen sie auf den Täter, der auf sie feuert. Der Schütze entkommt.

Bei sogenannten Großlagen haben wir eine klar strukturierte und eingespielte Aufgabenverteilung, die es uns ermöglicht, solche Einsätze zielgerichtet durchzuführen.

Mein Stellvertreter übernimmt die Funktion des Lagedienstführers. Er bündelt und kanalisiert alle Informationen und entsprechende Maßnahmen und ist für den Ablauf in der gesamten Leitstelle verantwortlich.

9.36 Uhr

Weitere Notarzteinsatzfahrzeuge sowie Rettungswagen der umliegenden Rettungswachen werden alarmiert.

Auch diese Besatzungen erhalten Informationen über den Schusswaffengebrauch in der Schule. Zusätzlich wird ein Rettungshubschrauber angefordert.

9.37 Uhr

Während mein Stellvertreter die Aufgaben des Lagedienstführers in der Leitstelle übernommen hat, fahre ich mit einem
Führungsmitglied der Rettungs-
dienstleitung zum Tatort. Gleichzeitig wird der Leitende Notarzt
alarmiert. Als Organisatorischer
Leiter Rettungsdienst obliegt mir
nun die Einsatzleitung und die
Gesamtverantwortung für alle
Einsatzkräfte am Schadensort.
Der Leitende Notarzt trägt die
medizinische Verantwortung.

> Im Zentrum für Psychiatrie in
> Winnenden, das in der Nach-
> barschaft der Albertville-
> Realschule liegt, tötet Tim K.
> einen Mitarbeiter. Die Polizei
> durchsucht die Schule und
> findet die ersten Opfer.

Ich werde den Notarzt am
Krankenhaus Waiblingen abho-
len, während mein Kollege mit dem Reserve-Notarzteinsatz-
fahrzeug bereits nach Winnenden fährt.

9.38 Uhr

Beim Sprint zu meinem Dienstfahrzeug schießen mir tausend
Gedanken durch den Kopf: »Habe ich alles dabei und an alles
gedacht? Wie war der Anfahrtsweg, welche Rettungsmittel
sind bereits unterwegs, welche Rettungsmittel sind alarmiert?
Ist es tatsächlich eine Schießerei, besteht wirklich eine akute
Gefahr für die Schüler, die Lehrer und für das eingesetzte Personal? Handelt es sich vielleicht doch nur um einen Dumme-
jungenstreich, weil da jemand meint, mit einer Schreckschuss-
pistole die ganze Schule in Angst und Schrecken versetzen zu
müssen?« Außerdem tauchen jetzt auch schemenhaft die Bilder des Amoklaufs von Erfurt im April 2002 auf. »Erfurt bei
uns? – Nein, das kann nicht sein!«, bin ich mir sicher.

Ich stelle in diesem Moment überhaupt keinen Bezug zu unserem Einsatz her, da diese Tragödie für mich damals wie heute sehr weit weg ist, unwirklich und realitätsfremd erscheint. Also versuche ich diese Bilder zu verdrängen, was mir nicht wirklich gelingt. Sie setzen sich in meinem Unterbewusstsein fest.

Kurz bevor ich das Gebäude verlasse, kommt mir der gut gelaunte Mitarbeiter unserer Bekleidungsfirma entgegen, mit dem ich ja einen Besprechungstermin habe. Ich nehme ihn erst wahr, als er direkt vor mir steht. Ich begrüße ihn kurz und sage ihm, er solle oben auf mich warten und sich einen Kaffee geben lassen. »Ich werde vermutlich recht schnell wieder da sein«, ergänze ich noch, bevor ich weitereile.

Dass dieser Satz zu Makulatur werden würde, ich zur größten Tragödie seit Erfurt abrücke und vor der größten beruflichen Herausforderung in meiner 30-jährigen rettungsdienstlichen Laufbahn stehe, ist mir zu diesem Zeitpunkt noch nicht bewusst.

9.40 Uhr

Am Fahrzeug angekommen installiere ich das Blaulicht, ziehe Einsatzstiefel und -jacke an, schalte Fahrlicht und Funkgerät ein und fahre mit Sondersignal zum Waiblinger Krankenhaus, das etwa 300 Meter von unserer Dienststelle entfernt liegt. Die angespannte Unruhe begleitet mich.

Auf diesen 300 Metern gilt meine volle Konzentration sowohl dem Straßenverkehr als auch dem Funkgerät. Aus dessen Lautsprecher dringt ein Gemisch aus Statusmeldungen, Funkalarmierungen für weitere Rettungsmittel und die ehrenamtlichen Formationen sowie Sprachmeldungen. Ein Mix aus Rauschen, Tonfolgen und Durchsagen, der für einen Laien völlig unverständlich ist.

9.41 Uhr

Ich bin kaum am Klinikeingang angekommen, da kommt der Leitende Notarzt auch schon zum Fahrzeug gerannt. Er nimmt neben mir Platz und fragt mich etwas ungläubig, ob es stimme, was auf dem Display seines Piepers steht. Er hätte etwas von einer Schießerei gelesen. Ich bestätige ihm die Meldung.

Noch immer zweifelnd fragt er mich nach näheren Erkenntnissen. Ich kann ihm nur die vagen Informationen wiederholen, die ich habe. Bisher weiß ich nur, dass in der Albertville-Realschule in Winnenden angeblich geschossen wird und dass einige Rettungsfahrzeuge bereits vor Ort sind und sich andere noch auf dem Weg dorthin befinden.

Wie er mir später erzählte, hatte ich den gleichen fragenden und etwas hilflosen Gesichtsausdruck wie er.

> Eine Großfahndung mit Hubschrauberunterstützung wird eingeleitet.

9.42 Uhr

Mit dieser bis dahin noch unklaren Lagemeldung machen wir uns auf den zwölf Kilometer langen Weg nach Winnenden. Die Anfahrt kommt mir unendlich lang vor, obwohl wir mit Blaulicht und entsprechend schnell unterwegs sind. Ich konzentriere mich auf den Straßen- und Funkverkehr, der Notarzt beginnt erste Telefonate zu führen. Er veranlasst, dass der OP im Krankenhaus Waiblingen vorerst nicht belegt wird. Wir beide sind hoch konzentriert und angespannt.

Ich höre über Funk, wie immer mehr Leute alarmiert werden. Weitere Rettungswagen und Notärzte machen sich

> Der Täter ist in der Innenstadt von Winnenden unterwegs. Er stoppt einen VW Sharan, kidnappt dessen Fahrer und zwingt ihn zur Fahrt in das 40 Kilometer entfernte Wendlingen. Sein Fluchtweg kreuzt die Anfahrt der Einsatzkräfte, ohne dass diese davon wissen.

auf den Weg. Auch Kollegen, die eigentlich dienstfrei haben, bekommen die Anweisung, sich zu ihren Rettungswachen zu begeben. Dies alles verdeutlicht mir immer stärker, dass ich vermutlich vor einer sehr großen Herausforderung stehe. Aber um sich darüber Sorgen zu machen, bleibt keine Zeit. Und das ist auch gut so.

Mit uns setzt sich ein Tross von Polizeifahrzeugen aus Waiblingen in Bewegung, die vor und hinter uns herfahren.

9.49 Uhr

Über Funk kommt eine erste kurze Lagemeldung herein. Sie macht alle Hoffnung auf einen glimpflichen Ausgang des Einsatzes mit einem Schlag zunichte: Es ist von den ersten Verletzten und Toten die Rede.

Plötzlich tauchen wieder Bilder von Erfurt vor meinem inneren Auge auf. 2002 starben dort bei einem Amoklauf an einer Schule 17 Menschen. Die Tragödie beherrschte damals tagelang die Medien und diese Bilder sehe ich nun wieder vor mir.

Der Notarzt und ich schauen uns bestürzt an. Die Stimmung im Wagen ist angespannt.

9.52 Uhr

Wir treffen vor dem Gebäudekomplex der Albertville-Realschule ein.

Ankunft an der Albertville-Realschule

Dort stehen bereits mehrere verlassene Polizeifahrzeuge, Rettungswagen und Notarzteinsatzfahrzeuge. Ich stelle meinen Wagen so ab, dass nachrückende Einsatzkräfte nicht behindert werden. Dass wir uns alle noch in höchster Gefahr befinden, ahne ich nicht.

Die Albertville-Realschule ist Teil eines ganzen Schulkomplexes. Neben der Realschule befinden sich auch das Lessing-Gymnasium, die Robert-Böhringer-Hauptschule und die Haselsteinschule, eine Förderschule für lernschwache Kinder, auf dem Gelände. Alles in allem halten sich hier ca. 1 400 Schüler und Lehrer auf.

Die Albertville-Realschule selbst ist ein zweckmäßiger, klassischer Bau aus den 70er-Jahren: Flachdach, große Fensterfronten, helle Fassade. 550 Schüler und Lehrer kommen jeden Tag hierher. Auch heute.

Einsatzleitung

Beim Aussteigen nehme ich für einen kurzen Moment nur die Rotorengeräusche des Rettungshubschraubers wahr, der gerade zur Landung ansetzt. Es herrscht für kurze Zeit eine ganz eigenartige, fast jahrmarktähnliche Stimmung. Einsatzfahrzeuge, Hubschrauber und Martinshörner sorgen für eine Geräuschkulisse, die unwirklich erscheint.

Mir weht ein kalter Wind um die Nase. Ich spüre die Anspannung in jedem einzelnen Muskel und ich bin froh, dass mein Herz heute einen gleichmäßigen Rhythmus beibehält. Kurz vor uns ist mein Kollege vom Führungsdienst eingetroffen. Er hat bereits damit begonnen, die Führungsstelle einzurichten. Ein entsprechend ausgestattetes Fahrzeug wird zur Zentrale vor Ort. Bei dieser örtlichen Einsatzleitung laufen alle Fäden zusammen. Alle eintreffenden Einsatzkräfte registrieren sich hier, alle Maßnahmen werden dokumentiert. Hier wird auch entschieden, wie die Aufgaben verteilt werden und wie die Einsatzabschnitte aussehen. Gleichzeitig hält die Einsatzleitung Kontakt zur Leitstelle, damit bei Bedarf weitere Fachdienste wie Notfallseelsorge, Feuerwehr oder Technisches Hilfswerk angefordert werden können. Auch der Leitende Notarzt und ich melden uns hier als Erstes. Wir stimmen uns kurz über unsere Aufgabenverteilung ab.

Parallel zum Rettungsdienst hat auch die Polizei eine örtliche Einsatzleitung eingerichtet. Ihr Führungsfahrzeug steht direkt neben unserer Führungsstelle. Die kurze Distanz hilft dabei, ohne Informationsverluste zu arbeiten und sich schnell und gezielt abstimmen zu können. Polizei und Rettungsdienst haben völlig unterschiedliche Aufgaben, sind dabei aber Partner auf Augenhöhe.

Für mich kommt zur Gesamteinsatzleitung des Rettungsdienstes nun noch die Aufgabe, die Verbindung zwischen der Polizei und uns aktiv zu halten.

Als Erstes muss ich mir einen Überblick über die aktuelle Lage verschaffen. Ich spreche mit den Kollegen vom Rettungs- und Notarztdienst, die zuerst eingetroffen sind, und versuche, mich anhand ihrer Aussagen zu orientieren. Da die Situation an sich sehr unklar ist, ist es überhaupt nicht einfach, sich anhand der Beschreibungen ein Bild von der Lage zu machen.

Mit der gebotenen Vorsicht und nach Anweisung der Polizei erkunde ich deshalb auch selbst die Einsatzstelle. Dadurch, dass sich gleich vier Schulen auf dem Areal befinden, ist das ein schwieriges Unterfangen. Außerdem ist völlig unklar, ob zurzeit noch eine akute Gefahr besteht. Wer geschossen hat und ob sich der Täter noch auf dem Gelände befindet, wissen wir noch nicht.

Die ersten unserer Rettungseinsatzkräfte kommen aus dem Schulgebäude. Sie begleiten eine Klasse, die ihnen auf dem Gang entgegengekommen ist. Die Gruppe wird von Polizeibeamten abgeschirmt und sofort in sichere Entfernung gebracht. In dieser Gruppe sind die ersten Kinder mit Verletzungen. Bei ihren Versuchen, in Deckung zu gehen und zu fliehen, haben sie sich vor allem an Händen und Füßen verletzt. Manche Kinder werden von Klassenkameraden und von Einsatzkräften gestützt, alle stehen unter Schock. Die vor dem Gebäude bereitstehenden Rettungsdienstkräfte und Notärzte nehmen sie direkt in Empfang, verteilen sie auf die einzelnen Rettungsfahrzeuge und versorgen sie.

Ein Blick in die Gesichter der Schülerinnen und Schüler und es läuft mir kalt den Rücken runter: Angst, Schmerz und Trauer. Viele haben noch gar nicht richtig erfasst, was gerade passiert ist. Sie stehen unter Schock, blicken ins Leere. Bei anderen sieht man den Schmerz in den Augen und die Erleichterung, dass es vorbei ist, dass sie es geschafft haben. Auch den Einsatzkräften geht dieser Moment sichtlich an die Nieren.

Als ich die Kinder sehe, muss ich an meinen jüngeren Sohn Dennis denken. Er ist im gleichen Alter wie die Schüler, die gerade versorgt werden.

Im Sommer stehen die Prüfungen zur mittleren Reife bei ihm an. Vermutlich sitzt er jetzt gerade in seinem Klassenzimmer in der Realschule Öhringen und hört hoffentlich aufmerksam zu. Er ist in Sicherheit.

Für weitere persönliche Gedanken bleibt im Moment keine Zeit.

Die Einsatzkräfte, die gerade mit der Schulklasse aus dem Gebäude gekommen sind, beschreiben die Situation in der Schule: Die Polizei habe ihren Weg zwar abgesichert, trotzdem bliebe ihnen ein mulmiges Gefühl, berichten sie. Bereits im Eingangsbereich seien unzählige Einschussstellen zu sehen. Als sie weiter ins Gebäude vordrangen, hörten sie aus dem ersten Obergeschoss verzweifelte Hilferufe von Schülern. Dort hätten sie auch die ersten toten Frauen auf dem Flur gefunden.

Die Einsatzkräfte wurden weiter zu einem verschlossenen Klassenzimmer geführt. Erst nach längerem Zureden hätten sie die Personen im Raum davon überzeugen können, die Tür zu öffnen. Im Zimmer selbst herrschte das blanke Chaos, beschreiben sie weiter. Umgeworfene Tische und Bänke, Kinder, die in Panik nach Deckung gesucht hatten. In diesem Raum fanden die Kollegen weitere verletzte und tote Schüler. Gleichzeitig seien ihnen aus den anderen Klassenzimmern schreiende und in Panik versetzte Kinder entgegengekommen.

Das waren die Kinder, die sie gemeinsam mit der Polizei gerade aus dem Schulgebäude in Sicherheit gebracht hatten.

9:42 Uhr

Die Polizei meldet, dass im angrenzenden Park des Zentrums für Psychiatrie eine Person mit Schussverletzungen liegt.

Sofort werden ein Rettungs- und ein Notarztwagen zur Einsatzstelle beordert.

Diese knappe Polizeimeldung versetzt unseren Einsatz in eine ganz andere Dimension. Wir wissen jetzt, dass wir es mit einer mobilen Lage zu tun haben. Der Tatort lässt sich nicht mehr genau abgrenzen. Und so lange der Täter nicht lokalisiert wird, arbeitet jeder in dem Bewusstsein, selbst in Gefahr und ins Visier geraten zu können. Gesichertes Arbeiten ist so gut wie unmöglich.

Ich muss meine Entscheidungen noch intensiver hinterfragen. Und ich muss sie trotzdem in Sekundenbruchteilen treffen. Wenn aufgrund meiner Entscheidungen ein Kollege zu Schaden kommt, muss ich später damit leben können. Die oft gehörten Aussagen »Den Mutigen gehört die Welt« oder »Helden sterben jung« sind in meinem Berufszweig nicht besonders hilfreich.

9.55 Uhr

Immer mehr Einsatzfahrzeuge treffen ein: Rettungsdienst, Sanitätsdienst, Notfallseelsorge und Polizei. Jetzt ist es wichtig, schnell eine Struktur zu schaffen. Jeder Großeinsatz beginnt mit einer sogenannten Chaosphase, deswegen ist es umso wichtiger, geordnete Abläufe zu entwickeln, um effektiv handeln zu können.

Besonders komplex ist diese Aufgabe, wenn es eine große Anzahl von Betroffenen gibt, wie das heute der Fall ist. Im

Moment befinden sich neben dem Leitenden Notarzt, dem Organisatorischen Leiter Rettungsdienst und der Einsatzführung bereits fünf Notärzte, sechs Rettungswagen und ein Rettungshubschrauber an der Einsatzstelle.

Weitere Einsatzkräfte, auch aus benachbarten Rettungsdienstbereichen, sind unterwegs.

Ich arbeite hoch konzentriert und innerlich angespannt. Weil ich selbst Kinder habe, fühle ich mit den Betroffenen und den Angehörigen. Die Anspannung rührt aber auch zu einem Teil von meinem Anspruch her, diesen Einsatz so gut wie möglich zu leiten und allen Anforderungen gerecht zu werden. Ein utopischer Vorsatz, der sich trotzdem nicht abschütteln lässt.

Zwischen 10.00 Uhr und 11.00 Uhr

Um 10.04 Uhr wird von der Integrierten Leitstelle der so genannte »Gesamtalarm Rettungsdienst« ausgelöst. Durch diesen Alarm werden alle hauptberuflichen Kräfte, also über 140 Mitarbeiterinnen und Mitarbeiter, zum Einsatz gerufen. Seit dem Beginn meiner Dienstzeit 2002 hat es das im Rems-Murr-Kreis noch nicht gegeben.

Inzwischen weiß die Polizei, dass sich der Täter nicht mehr auf dem Gelände befindet. Diese Information lasse ich sofort an alle Einsatzkräfte durchgeben, in der Hoffnung, dass dadurch die Anspannung etwas abnimmt. Bei mir selber bewirkt dieses Wissen jedenfalls keinen merklichen Unterschied.

Immer wieder lasse ich meinen Blick über die Einsatzstelle schweifen und stelle fest, dass das Presseaufgebot von Minute zu Minute zunimmt. Jede Bewegung wird im Bild festgehalten und ist für Millionen von Menschen in aller Welt sichtbar. Die ersten News-Ticker flimmern bei den verschiedenen Fernsehsendern über die Bildschirme, Radiosender unterbrechen ihr aktuelles Programm.

Die Nachrichtenoffensive bekommen auch die Kollegen in der Leitstelle zu spüren. Es gehen immer mehr Anfragen von besorgten Angehörigen, Anwohnern und Neugierigen ein. Viele Angehörige machen sich jetzt auch direkt auf den Weg nach Winnenden.

Ich nehme kaum wahr, dass mir ein Mikrofon für ein Interview vor die Nase gehalten wird und ich immer wieder von den hiesigen Medienvertretern angesprochen werde.

Diese Nebensächlichkeiten blende ich aus. Es gibt so viele wirklich wichtige Dinge zu beachten, da bleibt für so etwas kein Platz.

Wir sind für solche Schadenslagen ausgebildet worden, immer und immer wieder, und doch entwickelt jeder Großeinsatz ganz eigene Gesetzmäßigkeiten. Egal, wie viele Einsätze man mitgemacht hat, es wird nie zur blanken Routine.

Die Polizei hat die Einsatzstelle mittlerweile großräumig abgesperrt, sodass ein ungestörtes Arbeiten möglich ist – soweit das die Umstände zulassen.

Auch die Pressevertreter, die es bis nach vorne geschafft haben, werden sachlich aber bestimmt hinter die Absperrungen gebeten.

Bis zum jetzigen Zeitpunkt haben wir sieben verletzte Personen versorgt und in verschiedene Kliniken gebracht.

Die Leitstelle in Waiblingen ist mit elf Mitarbeitern besetzt, die alle auf Hochtouren arbeiten. Die Rettungsmannschaft in Winnenden ist auf sechs Notärzte, vier Notarzteinsatzfahrzeuge, einen Rettungshubschrauber, neun Rettungswagen und drei Krankentransportfahrzeuge angewachsen. Zusätzlich werden nun auch alle im Kreis tätigen Notfallseelsorger alarmiert. Wir fordern auch die ehrenamtlichen Kräfte des Kreisauskunftsbüros an. Diese Mitarbeiter registrieren alle Personen, die am Einsatz beteiligt sind, Einsatzkräfte wie Betroffene. Sie notieren, wer wann wo eingesetzt wird, wo sich die Betroffenen befinden und wer unter den Verletzten und Toten ist. All das ist nötig, um überhaupt auskunftsfähig zu sein. Auf diese Weise können Anfragen von Ministerien, der Staatsanwaltschaft, Polizei etc. immer beantwortet werden. Darüber hinaus ist das Kreisauskunftsbüro die wichtigste Informationsquelle für Angehörige. Der Albtraum eines jeden Angehörigen ist wohl der, dass die Namen von Betroffenen verwechselt werden und falsche Angaben kursieren. Damit so etwas nicht eintritt, brauchen wir jetzt diese Kollegen.

Die Versorgung der Verletzten ist in vollem Gange. Was wir jetzt unbedingt brauchen, ist eine zentrale Anlaufstelle für besorgte Angehörige. Gleichzeitig soll dies auch der Ort sein, von dem aus die Informationen an alle Einsatzkräfte und Verantwortlichen weitergegeben werden. Das heißt auch, dass an dieser Stelle die Todesnachrichten überbracht werden sollen. In kleinem Kreis mit den Verantwortlichen von Polizei, Notfallseelsorge, Ehrenamtlichen und Vertretern der Stadt einigen wir uns auf die Hermann-Schwab-Halle. Die Halle liegt direkt gegenüber der Albertville-Realschule. Normalerweise wird sie für Veranstaltungen mit bis zu 1 000 Gästen genutzt. Aber da sich viele Räume für Einzelgespräche abgrenzen lassen, erscheint sie uns ideal.

Ich mache mich also mit einigen der anderen Verantwortlichen auf den Weg zur Halle. Wir gehen gerade an einer Einsatzhundertschaft der Polizei vorbei, als aus der Menge ein »Hallo, Hannes!« tönt.

Hermann-Schwab-Halle

Ich registriere bekannte Stimmen, drehe mich dennoch etwas verwundert um und sehe Kollegen von der Polizei meiner Heimatstadt Öhringen.

Die Zeit reicht nur für ein grüßendes Lächeln, aber ausgerechnet hier und jetzt Menschen zu treffen, mit denen ich auch privat befreundet bin, tut gut.

Einige Zeit später erfahre ich im Gespräch, auf welch seltsamen Wegen sie nach Winnenden gekommen sind. Eigentlich sind sie gar nicht für den Rems-Murr-Kreis zuständig, haben aber gerade heute ganz in der Nähe eine Einsatzübung abgehalten. Aus der Übung wurde plötzlich Ernst, als sie alarmiert und nach Winnenden beordert wurden.

An der Hermann-Schwab-Halle angekommen, verschaffe ich mir zusammen mit den anderen Kollegen einen kleinen Überblick über die räumlichen Dimensionen. Wir stimmen uns kurz ab, dann übernehmen die ehrenamtlichen Kollegen das Einrichten der Anlaufstelle. Wir haben uns dafür entschieden, gleich mehrere Kontaktstellen zu schaffen, damit die Angehörigen schnell einen Ansprechpartner finden. Ich bleibe mit den Kollegen per Funk in Verbindung, muss aber zurück zum Führungsfahrzeug.

Beim Verlassen der Halle spüre ich, dass die Auswirkung der anfänglichen Adrenalinschübe langsam nachlässt. Innerlich breitet sich ein taubes, dumpfes Gefühl aus. Zum ersten Mal sehe ich bewusst, welch eine Menge von Angehörigen sich mittlerweile vor der Schule versammelt hat. Sie stehen hinter der Absperrung und diskutieren wild gestikulierend mit den Polizisten.

Väter, Mütter, Omas, Opas, Geschwister. Wohin man auch schaut, blickt man in fragende, weinende und verzweifelte Gesichter. Diese Blicke und Gesten werde ich nie vergessen.

Ich habe größtes Verständnis für die Angehörigen. Es ist zutiefst menschlich, wenn sie mit Wut reagieren, weil sie noch keine oder nur vertröstende Antworten bekommen. Die Sorge um einen lieben Menschen frisst einen schier auf.

Für uns Einsatzkräfte erfordert es jedoch eine ungeheure Disziplin und Kraftanstrengung, den Angehörigen mit den richtigen Worten zu begegnen. Manchmal reichen einfache Gesten und schlichtes Dasein aus. Aber in diesem Moment der Fragen und der Unsicherheit nicht. So leid es uns tut, wir können die qualvolle Unsicherheit der Angehörigen im Moment noch nicht auflösen. Noch befinden sich Schüler und Lehrer im Schulgebäude und die genaue Zahl der Verletzten und Toten steht nicht fest.

Nach einer kurzen Lagebesprechung im Führungskreis legen wir unter anderem fest, dass die Rettungswagenbesatzung, die zuerst angekommen ist, aus dem Einsatz herausgelöst wird. Die Kollegin und der Kollege haben vor Ort Unglaubliches geleistet. Sie haben unter Lebensgefahr das Gebäude betreten, obwohl überhaupt nicht bekannt war, ob sich der oder die Täter noch im Gebäude befinden. Sie waren es auch, die das Gebäude mit der Polizei abgegangen sind, um eine möglichst detaillierte Lagemeldung abgeben zu können, damit auch genügend Rettungskräfte zur Versorgung angefordert werden.

Sie haben also das ganze Ausmaß dieser sinnlosen Tat hautnah mitbekommen und gesehen. Und sie haben die ersten Schwerstverletzten versorgt. Beide werden in Begleitung zunächst zur Rettungswache gebracht.

11.00 Uhr

Während ich mit meiner Führungsmannschaft noch die aktuelle Lage bespreche, sehe ich, wie zwei Feuerwehrleute in Uniform die Polizeiabsperrung passieren und direkt auf mich zusteuern. »Wer hat denn die jetzt alarmiert und was wollen die überhaupt hier? Sensationslust oder nur Wichtigtuerei? Das Ereignis ist doch schon schlimm genug und jetzt auch noch Gaffer aus den Reihen einer Hilfsorganisation?!«, waren meine ersten Gedanken.

Je näher die beiden kommen, desto merkwürdiger erscheint mir die Situation. Bekannte Persönlichkeiten der Feuerwehr aus dem Rems-Murr-Kreis, die vielleicht einen dienstlichen Grund gehabt hätten, hierherzukommen, sind sie jedenfalls nicht.

Dann steht einer von ihnen vor mir: ca. 1,85 cm groß, sportliche Figur, mit ernstem Blick hinter der Brille und bekleidet mit einer Feuerwehreinsatzjacke sowie einer Feuerwehrdienstmütze. Kurze skeptische Blicke auf beiden Seiten. An seinem Namensschild erkenne ich, dass vor mir der Leiter der Berufsfeuerwehr Karlsruhe steht. »Was will denn der hier? Was soll denn das jetzt?«, frage ich mich.

Er stellt sich mir kurz mit den Worten vor: »Mein Name ist Roland Goertz, ich wurde vom Innenministerium hierher beordert. Ich war der Einsatzleiter beim Amoklauf in Erfurt und soll hier unterstützend tätig sein.« Mir bleibt kurz die Sprache weg.

Später stellen wir fest, dass es bei uns nach kurzer Skepsis »Freundschaft auf den ersten Blick« war und wir wunderbar zusammenarbeiten können.

Aber zunächst gebe ich ihm einen kurzen, umfassenden Überblick über den laufenden Einsatz, den momentanen Stand der Dinge und über die weiteren geplanten Maßnahmen. Er wird in meiner Nähe bleiben, damit er alles Weitere mitverfolgen kann.

Das gesamte Schulgebäude wurde mittlerweile von Polizisten gesichert. Aber es befinden sich noch immer Schüler und Lehrer darin, die darauf warten, diesem Albtraum endlich entkommen zu können. Jetzt geht es darum, diese vielen Personen geordnet und vor der Presse geschützt aus den Gebäuden zu bringen. Dafür haben wir vier Anlaufstellen eingerichtet, die die Polizei hermetisch abriegelt.

Mit Bussen und unter Polizeibegleitung fährt Klasse für Klasse zu den vereinbarten Sammelstellen. Diese insgesamt vier Stellen werden in der Hermann-Schwab-Halle, in der Halle in der Linsenhalde, im Wunnebad und in der Halle in Birkmannsweiler in sicherer Entfernung eingerichtet. Bis alle Schüler und Lehrer an diesen Orten angekommen sind, vergeht noch einmal eine gute Stunde. Die Angehörigen haben vorher gesagt bekommen, wohin die Kinder gebracht werden. Für sie haben die Ungewissheit und das scheinbar endlose Warten endlich ein Ende.

Während ich die abfahrenden Busse beobachte, muss ich unwillkürlich an die Eltern denken, die ihre Kinder heute nicht

12.05 Uhr Die Geisel kann an der Autobahnauffahrt Wendlingen flüchten. Der 17-jährige Tim K. rennt zum nahe gelegenen Industriegebiet. Der Fahrer benachrichtigt die Polizei.

12.15 Uhr Der Täter betritt ein VW-Autohaus und erschießt einen Angestellten und einen Kunden.

12.30 Uhr Als der Amokläufer aus dem Autohaus kommt, eröffnet er das Feuer auf die Polizei. Er verletzt zwei Beamte schwer und erschießt sich anschließend selbst.

mehr in die Arme schließen werden. An die Geschwister, die sich mit der Schwester oder dem Bruder nicht mehr um eine Kleinigkeit streiten werden; die Großeltern, die ihre Enkelin oder den Enkel nicht mehr verwöhnen können. Mein Herz wird schwer.

Ein kurzes Tippen auf die Schulter holt mich wieder in die Gegenwart zurück.

Es steht ein weiteres Abstimmungsgespräch an.

Die Notfallversorgung von unserer Seite aus ist abgeschlossen.

Alle verletzten Personen wurden versorgt und in Kliniken gebracht. Aber die Anlaufstellen in der Hermann-Schwab-Halle brauchen unbedingt Unterstützung. Wir fordern weitere Ehrenamtliche an und packen selbst mit an, wo wir können.

Zwischen 13.00 Uhr und 16.00 Uhr

Es ist immens wichtig, dass sich die verschiedenen Einsatzbereiche immer wieder abstimmen. Einsatzleitung, Leitstelle, Polizei, Stadtverwaltung und die einzelnen Ministerien stehen in ständigem Austausch. Handy und Funkgerät sind meine Dauerbegleiter beim Organisieren, Planen und Umsetzen.

Es treffen zurzeit immer mehr Pressevertreter in Winnenden ein, die ihre Berichte direkt vom Ort des Geschehens live übertragen wollen. Das führt leider auch dazu, dass das Handynetz völlig überlastet ist. Immer wieder kommen Verbindungen nicht zustande oder Gespräche brechen einfach ab. Ein Zustand, der mir zunehmend auf die Nerven geht.

Als ich das erste Mal an diesem Tag auf die Armbanduhr schaue, stelle ich erschrocken fest, dass es bereits 13.30 Uhr ist.

Mein Handy vibriert und zeigt mir eine neue Nachricht an. Mein großer Sohn Kevin hat mir eine SMS geschickt. Vermutlich hat er durch die Medien von der Tragödie hier erfahren.

»Pass auf Dich auf! Lieber Gruß Kevin«, lese ich.

Ich nehme mir die Zeit und antworte meinem Sohn kurz: »Mach ich, bis später! Lieber Gruß Papa«

Beim Schreiben habe ich einen riesigen Kloß im Hals. Normalerweise ist das doch ein Satz, den Eltern ihren Kindern mit auf den Weg geben. Worte, die sie begleiten sollen, wenn sie sich auf den Schulweg machen, abends oder am Wochenende ausgehen oder das erste Mal alleine mit einem Auto unterwegs sind.

Wie viele Eltern haben heute Morgen wohl ihre Kinder mit diesen Worten verabschiedet? Wie viele Lehrer, Polizisten oder Rettungsdienstmitarbeiter haben diesen Satz heute von ihrem Partner gehört? Viel zu viele Menschen haben diese Worte heute das letzte Mal ausgetauscht. Ich schicke die SMS an meinen Sohn ab und hoffe, dass sie trotz des überlasteten Handynetzes schnell bei ihm ankommt.

14:00 Uhr

Die Polizei teilt den Einsatzkräften vor Ort mit, dass sich Tim K. das Leben genommen hat. Als ich vom Tod des Amokläufers höre, empfinde ich eine gewisse Erleichterung. Ich bin alles andere als froh über den Tod eines Menschen, aber jetzt ist zumindest sicher, dass uns keine direkte Gefahr mehr droht. Trotzdem nimmt die Anspannung bei mir nicht wesentlich ab.

Mittlerweile sind die Schulgebäude geräumt und das Gelände ist weiterhin großräumig abgesperrt.

Die meisten der betroffenen Lehrer und Schüler sind jetzt wieder bei ihren Familien. Viele Angehörige warten in den Kliniken auf verletzte Familienmitglieder und hoffen auf eine positive Nachricht über den Operationsverlauf.

Der intensivste Teil unseres Einsatzes ist abgeschlossen. Wir werden versuchen, denen, die Angehörige bei dieser sinnlosen Tat verloren haben, Beistand zu leisten, Trost zu spenden oder nur einfach da zu sein.

Nachdem sich jetzt herauskristallisiert, dass sich der rettungsdienstliche Einsatz auf die Unterstützung der ehrenamtlichen Kolleginnen und Kollegen in den Anlaufstellen beschränkt, können wir die Rettungsdienstkräfte, die in Bereitschaft sind, deutlich reduzieren.

Ich gehe wieder in die Hermann-Schwab-Halle, um mit den Führungskräften der ehrenamtlichen Formationen das weitere Vorgehen zu besprechen. Die Halle wird von Polizeikräften hermetisch abgeriegelt, um ungebetenen Zaungästen den Zutritt zu verwehren.

Diese Vorsichtsmaßnahme bezieht sich vor allem auf einige wenige, dafür umso penetrantere Pressevertreter. Ich habe durchaus Verständnis für eine aktuelle und möglichst umfassende Berichterstattung und schätze diese Arbeit sehr, da ich sehr viele Journalisten auch persönlich kenne. Aber es gibt immer wieder Einzelpersonen, die dem Ruf einer ganzen Branche schaden. Es ist unglaublich, welcher Tricks sie sich bedienen, um an Bilder, Aussagen oder Details zu gelangen. Um die Angehörigen zu schützen und ihnen wenigstens hier Privatsphäre zu verschaffen, ist tatsächlich eine große Polizeipräsenz nötig.

Als ich die Halle betrete, habe ich das Gefühl, gegen eine Wand zu laufen. Eine Wand aus Emotionen. So viel Trauer, Verzweiflung und Angst herrschen hier, so viele Fragen, Anspannung und leise Hoffnung. Mir bleibt die Sprache weg und obwohl ich schon den ganzen Tag im Einsatz bin, fühle ich mich plötzlich hilflos. Hier scheint die Zeit stillzustehen.

Ich bin froh, als ich die Kollegen in der Halle gefunden habe. Es gibt noch einige Dinge, die wir abstimmen müssen. Mir liegt es sehr am Herzen, dass sie auch aufeinander aufpassen. Das hier ist für jeden von uns eine Extremsituation, in der niemand alleine gelassen werden soll. Auch wenn der Einsatz an der Schule aus rettungsdienstlicher Sicht beendet ist, geht unser Dienst noch weiter. Wir werden die ganze Zeit hier vor Ort sein. Einer der Kollegen wird deshalb nachher auch mit zur Lagebesprechung in den Kreisverband kommen.

Auf meinem Weg zum Ausgang der Halle schlagen mir wieder die geballten Emotionen entgegen. Ich habe das erste Mal seit sehr, sehr langer Zeit Tränen in den Augen.

Gegen 16.00 Uhr

Die Führungsstelle wird aufgelöst. Ich verlasse mit dem Leitenden Notarzt das Gelände, Dr. Goertz begleitet uns. Ich habe ihn gebeten, an der anschließenden Lagebesprechung teilzunehmen.

Auf der Rückfahrt versuche ich krampfhaft, einen Radiosender zu finden, der nur Musik spielt. Vergeblich. Auf allen Sendern wird über das unfassbare Geschehen in Winnenden berichtet.

Mir gehen während der Fahrt zurück zur Dienststelle tausend Fragen durch den Kopf: »Haben wir an alles gedacht? Wurde nichts übersehen? Wie geht es den Kollegen? Wie steht es um die verletzten Personen und die Angehörigen? Was ist als Nächstes zu tun? Macht sich meine Familie Sorgen um mich?«

Der Notarzt reißt mich mit einem »Alles klar bei Ihnen?« aus dem Gedankendurcheinander. Wir unterhalten uns kurz über die vergangenen Stunden und stellen fest, dass uns ganz ähnliche Fragen beschäftigen. Abstand gewinnen wird wohl so schnell nicht möglich sein.

Bevor ich ihn an der Klinik aussteigen lasse, verabschieden wir uns mit einem festeren Händedruck als sonst. »Danke«, sage ich und warte, bis er im Eingang der Klinik verschwunden ist.

Als ich kurz darauf auf den Mitarbeiterparkplatz unserer Dienststelle fahre, sehe ich, dass die anderen Führungskräfte schon da sind und auf mich warten. Gemeinsam betreten wir das Gebäude.

Selten war der Weg in den zweiten Stock so lang. Immer wieder treffen wir Kolleginnen und Kollegen, die uns fragend und traurig anschauen.

Ich bin froh, dass sie schnell merken, dass jetzt nicht der richtige Zeitpunkt für Fragen und Anmerkungen ist. Die Gespräche beschränken sich auf die Bitte um Getränke fürs Besprechungszimmer. Seit heute Morgen hatte keiner von uns die Gelegenheit, etwas zu essen oder zu trinken.

Auf dem Schreibtisch in meinem Büro stapeln sich die Anfragen der unterschiedlichsten Radio- und Fernsehsender mit der Bitte um Rückruf – sortiert nach der Eingangszeit. Wie gut, dass wir uns mit der Polizei darauf verständigt haben, dass ausschließlich die dortige Pressestelle alle Anfragen beantwortet. Eine Absprache, die sich in der Vergangenheit schon oft ausgezahlt hat. Meine Assistentin bitte ich, die Journalisten zurückzurufen und an die entsprechende Stelle zu verweisen.

Jetzt bleiben endlich ein paar Minuten, um meine Frau kurz anzurufen. Ich will ihr wenigstens sagen, dass sie sich keine Sorgen um mich machen muss. Normalerweise hole ich sie abends von der Arbeit ab, doch heute wird sie die S-Bahn nehmen müssen. Bei mir wird es spät werden.

Danach gehe ich zur Leitstelle, die ich seit den ersten Notrufen heute Morgen nicht wieder betreten habe.

Hier herrscht noch immer Hochbetrieb, da sich die ehrenamtlichen Formationen im Einsatz befinden. Die ehrenamtlichen Formationen bestehen aus den verschiedensten Fachdiensten wie zum Beispiel Sanitätsdienst, Betreuungsdienst oder Notfallnachsorge. Sie unterstützen mit ihrer Arbeit die hauptberuflichen Kolleginnen und Kollegen. Diese Aufgaben werden zu 100 Prozent von ehrenamtlichen Kolleginnen und Kollegen in ihrer Freizeit wahrgenommen. Ohne dieses Engagement wären manche Dienstleistungen überhaupt nicht möglich.

Die Einsatzsteuerung und -abwicklung läuft grundsätzlich über die Leitstelle. Deswegen ist hier auch im Moment so viel los.

Mein Stellvertreter teilt mir mit, dass er bereits einen ersten Einsatzbericht für das Landeskriminalamt geschrieben und weitergeleitet hat. Mir bleibt jetzt noch eine kleine Weile, um mich auf die Lagebesprechung vorzubereiten. Aber zuerst hole ich mir eine Tasse Kaffee und setze mich fünf Minuten hin. Während ich langsam meinen Kaffee trinke, schaue ich gedankenverloren aus dem Fenster. Diese kleine Pause tut sehr gut. Ein wirkliches »Runterfahren« lässt mein Körper aber nicht zu. Dafür steht noch zu viel auf der Agenda.

Um 17.00 Uhr eröffne ich die Lagebesprechung. Der Kreis der Führungskräfte besteht neben dem Rettungsdienst und unseren ehrenamtlichen Formationen auch aus Kollegen des Landratsamtes, der Polizei und dem Leitenden Notarzt. Auch Dr. Goertz ist dabei, um uns mit seinen Erfahrungen von Erfurt zu unterstützen.

Allen Teilnehmern dieser Runde ist die Anspannung, die schon den ganzen Tag andauert, anzusehen.

Aber keiner erweckt den Eindruck, dass es ihm zu viel wäre. Im Gegenteil, alle möchten ihr Bestes geben und zeigen, dass man sich auch in solchen Extremsituationen auf sie verlassen kann.

Ich bin stolz auf diese Mannschaft und es ist mir ein echtes Bedürfnis, mich bei allen für ihren selbstlosen und teilweise lebensgefährlichen Einsatz zu bedanken.

In diesem Moment spüre ich auch zum ersten Mal eine gewisse innere Zufriedenheit.

Ich lasse den Einsatz nur kurz und knapp Revue passieren, denn für eine ausführliche Einsatznachbesprechung bleibt uns heute keine Zeit. Von 9.34 Uhr bis 13.00 Uhr war der Rettungsdienst mit insgesamt 80 Einsatzkräften und 30 Rettungsfahrzeugen im Einsatz. Der Kollege der ehrenamtlichen Formationen ergänzt, dass sich derzeit mehr als 100 ehrenamtliche Kräfte in den unterschiedlichsten Fachbereichen im Einsatz befinden. Von Seiten der Polizei sind etwa 800 Einsatzkräfte beteiligt gewesen.

Während der Gespräche stelle ich fest, dass sich bei allen die gleiche Sorge beziehungsweise der gleiche Anspruch festgesetzt hat: »Wir müssen allen und jedem gerecht werden.«

Aber das können wir gar nicht leisten. Ich fasse meine Sicht der Dinge zusammen und sage den Beteiligten, dass wir uns von diesem Gedanken lösen müssen. Sonst ist es unmöglich, die vielfältigen Aufgaben der kommenden Tage mit klarem Kopf anzugehen. Als Reaktion ernte ich zustimmendes Kopfnicken.

Dieser innere Druck, den das Streben nach Perfektion auslöst, hindert nicht nur daran, die anstehenden Aufgaben zu bewältigen, er hat noch ganz andere Auswirkungen. Solche Gedanken können Schuldgefühle auslösen, deren Folgen sich kurzfristig oder erst einige Wochen, Monate oder Jahre später bemerkbar machen. Ich möchte unbedingt vermeiden, dass meine Kollegen in so eine Sackgasse hineingeraten, und biete jedem Anwesenden an, dass er professionelle Hilfe in Anspruch nehmen kann, wann immer er das für hilfreich hält.

Wir werden auf alle Fälle eine Einsatzaufarbeitung durchführen. Sollte es Defizite gegeben haben, wird sich das dann zeigen und wir können die bestmöglichen Lösungen für die Zukunft suchen. Jetzt im Moment ist jedenfalls nicht der Zeitpunkt, um sich auch noch damit zu belasten.

Am heutigen Abend steht noch ein weiterer Programmpunkt an.

Für 20.00 Uhr ist ein Gottesdienst in der katholischen Borromäuskirche in Winnenden geplant, bei dem der Rettungsdienst mit zwei Rettungswagen und einem Notarzteinsatzfahrzeug den ehrenamtlichen Sanitätsdienst unterstützen soll.

Da noch immer unglaublich viele Anfragen in der Leitstelle ankommen, werden wir eine Hotline einrichten, die solche Anrufe entsprechend weiterleitet.

Die Hermann-Schwab-Halle in Winnenden wird auch in den nächsten Tagen die zentrale Anlaufstelle für Eltern, Lehrer und Schüler sein. Dort werden auch Schulpsychologen und Psychotherapeuten eingesetzt werden und die Kolleginnen und

Kollegen des Betreuungsdienstes sorgen für die Verpflegung der Ratsuchenden und Betroffenen.

In einem Teil der Halle werden die Einsatzleitungen der verschiedenen involvierten Dienste installiert, damit diese sich gut untereinander und mit Ministerien und der Verwaltung verzahnen können. Morgen wird es dort um 7.00 Uhr gleich die erste Besprechung geben.

Das sind die wichtigsten Informationen, die ich den Kollegen weitergeben kann.

Nach einigen abschließenden Fragen und Anmerkungen beende ich die Besprechung. Ich bedanke mich noch einmal für die bisher geleistete Arbeit und den Einsatz eines jeden Einzelnen.

Dabei habe ich wieder einen Kloß im Hals, der mir das Sprechen nicht gerade erleichtert.

Hinterher kommt Dr. Goertz auf mich zu und klopft mir auf die Schulter. Er gibt mir zu verstehen, dass wir unsere Arbeit sehr gut gemacht hätten und ich mit Recht stolz auf meine Abteilung sein könne.

Ich bedanke mich für seine Unterstützung und für die Anerkennung. Es tut gut, das von jemandem gesagt zu bekommen, der bereits etwas Ähnliches erlebt hat. Dr. Goertz verabschiedet sich mit den Worten: »Glauben Sie mir, Herr Stocker, keiner weiß so gut wie ich, wie Sie sich jetzt fühlen.«

Kurz nach 18.00 Uhr sitze ich wieder in meinem Büro und mache mir ein paar Aktennotizen vom Verlauf des heutigen Tages und der Besprechung gerade eben. Dabei bemerke ich, dass sich meine Herzrhythmusstörungen heute den ganzen Tag noch nicht gezeigt haben. Extremen Stress steckt mein Herz wohl ohne Probleme weg.

Es ist mir jetzt ein großes Bedürfnis, wenigstens kurz mit meiner Frau und meinen beiden Söhnen zu telefonieren. Ich kann ihnen sagen, dass sie sich keine Sorgen um mich machen müssen, und es tut gut, ihre vertrauten Stimmen zu hören.

Für 19.00 Uhr ist schon der nächste Termin geplant: eine Pressekonferenz bei der Polizeidirektion Waiblingen, an der ich ebenfalls teilnehmen werde.

Die Polizeidirektion ist nur wenige hundert Meter entfernt. Trotzdem muss ich den Dienstwagen nehmen, denn ich befinde mich noch immer im Einsatz. Auf dem Weg zum Eingang treffe ich bereits auf einen guten Teil der Journalisten. Sie sind in Gespräche mit Kollegen vertieft oder führen Telefonate mit ihren Redaktionen.

Schon im Erdgeschoss empfängt mich ein enormer Geräuschpegel, dessen Ursprung im oberen Stockwerk liegt.

Ich nehme die Treppen bis zum dritten Obergeschoss und komme zum sogenannten Lehrsaal, in dem die Pressekonferenz stattfinden wird. Es ist unmöglich, diesen Raum zu verfehlen, man muss nur den Geräuschen folgen. Und die werden umso lauter, je näher ich komme. Aus dem Stimmengewirr lassen sich nun sogar unterschiedliche Sprachen heraushören, ständig unterbrochen vom Klingeln der Handys.

Pressekonferenz

Der Saal bietet mit Stühlen Platz für 60 Personen. Jetzt sind allerdings mindestens doppelt so viele Journalisten anwesend.

Entsprechend dicht gedrängt stehen sie und die Luft im Raum ist schon jetzt verbraucht. Mit Mühe kann ich mich zu den Kollegen von der Polizei durchkämpfen.

Es ist mir sehr recht, dass ich nicht aktiv an der Pressekonferenz teilnehmen muss, sondern nur für eventuelle Fachfragen zur Verfügung stehe. Die Einzelheiten unseres Einsatzes hat die Pressestelle der Polizeidirektion von uns bereits vorab mitgeteilt bekommen.

Zweiter v. l.: Johannes Stocker

Die Pressekonferenz beginnt pünktlich und wird live von verschiedenen Fernsehsendern übertragen.

Zunächst wird eine Zusammenfassung vom Tatablauf, der anschließenden Flucht mit Geiselnahme und dem Schusswechsel in einem Autohaus mit der Selbsttötung des Täters bekannt gegeben. Ebenso werden die bestätigten Opfer und die Zahl der Verletzten mitgeteilt.

Während ich diese Mitteilungen und Details verfolge, wird mir dieses scheußliche Verbrechen in seiner Brutalität und dem gesamten Ausmaß das erste Mal so richtig bewusst. Neun Verletzte und sechzehn Tote sind zu betrauern.

Seit die ersten Notrufe 9.34 Uhr bei uns eingegangen sind, hatte ich mich nur mit meinem Aufgabengebiet zu befassen und die Verantwortung dafür zu tragen. Jetzt nehme ich aus einer ganz anderen Perspektive den Gesamtablauf dieser Tat wahr und der ganze Tag erhält im Nachhinein noch einmal eine ganz andere Dimension. Und eine noch intensivere Wirkung.

Peter Hönle

Nach den Ausführungen der Verantwortlichen, angefangen vom Innenminister über den Kultusminister bis hin zum Leitenden Kriminaldirektor der Polizeidirektion, haben die Journalisten die Möglichkeit, ihre Fragen zu stellen. Und davon machen sie auch reichlich Gebrauch. Bei den Pressevertretern herrscht ein enormer Wissensdurst.

Die Journalisten stellen unter anderem Fragen nach dem mutmaßlichen Motiv; sie wollen wissen, wie der Täter Zugang zu den Waffen bekommen konnte, wie schnell die Polizei reagiert hat und welche Einzelheiten es zum Fluchtweg Richtung Wendlingen gibt.

Da die Ermittlungen aber noch am Anfang stehen, können zum jetzigen Zeitpunkt die Fragen zum Motiv nicht abschließend beantwortet werden.

Ich habe selber oft genug als direkter Ansprechpartner bei Pressekonferenzen zur Verfügung gestanden. Das ist nicht immer leicht, vor allem, wenn Fragen gestellt werden, auf die man nach so kurzer Zeit beim besten Willen noch keine

Antworten geben kann. Ist es aber noch nicht möglich, in manchen Bereichen und auf manche Fragen gut formulierte Gründe und Antworten zu präsentieren, wird gerne über eine Verschleierung und Täuschung, oder schlimmer, über fehlerhaftes Verhalten bis zum totalen Versagen spekuliert. Das ist besonders bitter, wenn man weiß, mit wie viel Leidenschaft und persönlichem Einsatz gearbeitet wird. Aber trotzdem sind wir alle nur Menschen und brauchen Zeit, um gründliche Arbeit zu leisten.

Nach einer reichlichen Stunde ist die Pressekonferenz vorbei. Ich bin dankbar, dass ich auch im Frageteil keinen Beitrag leisten musste.

Bevor ich die Polizeidirektion verlasse, führe ich noch ein kurzes Gespräch mit dem Einsatzleiter und dem Pressesprecher. Peter Hönle ist der Leiter des Führungs- und Einsatzstabes und auch heute gemeinsam mit dem Revierleiter von Winnenden für den Polizeieinsatz verantwortlich gewesen. Mit »Pit« verbindet mich eine enge Freundschaft. Wir haben schon viele Male zusammengearbeitet und wissen, was wir aneinander haben. Über die Jahre ist auf beiden Seiten großes Vertrauen gewachsen. Wir teilen Wertvorstellungen wie Offenheit und Verlässlichkeit, die Skepsis Selbstdarstellern gegenüber und eine gewisse Begeisterung für (Selbst-)Ironie. Diese Elemente unserer Zusammenarbeit sind es auch, die mir bei der Bewältigung des heutigen Tages eine echte Hilfe sind.

Als ich gegen 20.30 Uhr wieder in meinem Büro bin, sehe ich mein E-Mail-Postfach durch und bin verblüfft. Menschen, von denen ich jahrelang nichts gehört habe, tauchen plötzlich aus der Versenkung auf und suchen den Kontakt.

Die meisten E-Mails ignoriere ich großzügig und lösche sie. Es sind aber auch einige Nachrichten von Kollegen und Bekannten darunter, die mir ihre Unterstützung in vielfältiger Form anbieten. Es tut gut, solche Menschen an seiner Seite zu wissen.

Einige wenige Schreiben beantworte ich, weil ich überzeugt bin, dass es den Absendern nicht um die Sensationsgier geht, sondern um ehrlichen Zuspruch.

Darunter ist auch eine E-Mail von meinem Freund und Pfarrer Gerhard Kern. Gerhard begleitet mich nun schon mehr als zehn Jahre und hat in dieser Zeit Spuren hinterlassen. Uns verbindet eine Freundschaft, deren Ursprung in der Arbeit für die Notfallseelsorge in meinem alten Heimatkreis liegt. Er ist für mich zu einem guten Ratgeber geworden und hat mich während der Trennungsphase meiner ersten Ehe durch Höhen und Tiefen begleitet. Dafür bin ich ihm heute noch sehr dankbar. Im Moment befindet er sich als Militärpfarrer im Kosovo und nimmt dort die seelsorgerlichen Aufgaben wahr. Seine E-Mail hat also einen weiten Weg hinter sich.

Ich antworte ihm und vereinbare gleichzeitig einen Telefontermin.

Obwohl ich Presseanfragen an die Pressestelle der Polizei verweisen lasse, nehme ich mir doch eine Anfrage persönlich vor. Es ist die der Hohenloher Zeitung, der Zeitung meines Heimatkreises. Den Redakteur erreiche ich noch telefonisch, allerdings sage ich ihm gleich zu Beginn unseres Gesprächs, dass ich keine Einsatzdetails weitergeben werde. Aber darum geht es ihm auch gar nicht. Wie sich herausstellt, möchte er gerne meine persönlichen Eindrücke als »Hohenloher Gewächs« einfangen. Ich willige ein und gebe ihm ein zwanzigminütiges Telefoninterview.

Nach diesem Gespräch schaue ich noch einmal in der Leitstelle nach dem Stand der Dinge und lasse mir die aktuellen Informationen geben. Einige letzte Telefonate später mache ich mich endlich auf den Weg nach Hause. Es ist 23.30 Uhr.

Als ich in mein Auto einsteige, bin ich wirklich froh, dass ich eine Sitzheizung habe. Es ist empfindlich kalt geworden. Das Letzte, was ich jetzt hören möchte, ist die neueste Berichterstattung über Winnenden, deswegen lege ich gleich eine CD ein und drehe die Musik etwas lauter auf als sonst. Ich fahre langsam und bin dankbar für die Zeit allein im Auto. Aber auch die Musik kann die Gedanken an den heutigen Tag nicht übertönen.

Zu Hause angekommen versuche ich, möglichst leise zu sein, weil ich meine Frau nicht wecken will. Als ich die Türe zu unserer Wohnung vorsichtig öffne, schimmert mir das gedämpfte Licht der Wohnzimmerleuchte entgegen.

Wie vermutlich viele andere in der Region ist auch meine Frau noch wach. Sie hat die Tür gehört und erwartet mich bereits mit einem erleichterten Gesichtsausdruck.

Wir nehmen uns wortlos in die Arme und lassen uns lange nicht mehr los. Es ist ein schönes Gefühl, endlich zu Hause zu sein. In solchen Momenten weiß man, was Partnerschaft bedeutet.

Natürlich hat sie sich doch Sorgen gemacht und erzählt mir, wie froh sie war, als gerade die klappernde Tür meine Ankunft angekündigt hat.

Während ich mir einen Apfel greife, erzählt mir meine Frau, wie sie den Tag erlebt hat. Zwischen 10.00 Uhr und 10.30 Uhr verschickte die Leitung der Behörde eine Rundmail an alle Mitarbeiter. Darin informierte sie über eine Schießerei in einer Winnender Schule und forderte alle Mütter auf, ihre Kinder abzuholen und auf Radiodurchsagen zu achten.

Da im Büro meiner Frau das einzige Radio auf dem Stockwerk steht, sind auch Kolleginnen und Kollegen der Nachbarzimmer dazugekommen. Ab da war an einen normalen Arbeitstag nicht mehr zu denken.

Steffi erzählt vom ersten Gedanken, der ihr dabei durch den Kopf schoss: »Hannes ist im Einsatz, dann muss ich ja schauen, wie ich heute nach Hause komme.« Im Nachhinein wundere sie sich über die merkwürdigen Kleinigkeiten, die einem in solchen Situationen einfallen, sagt sie. Sorgen habe sie sich zu diesem Zeitpunkt aber noch keine gemacht. Das änderte sich erst, als sie erfuhr, dass der Täter auf der Flucht sei. Zwischendurch meldete sich auch eine Tante bei ihr, die wissen wollte, ob mit mir alles in Ordnung sei. All das trug nicht eben zu ihrer Beruhigung bei, erklärte mir meine Frau. Als sie nach Hause kam und sich die Jacke ausgezogen hatte, schaltete sie sofort den Fernseher an und meinte, ein Déjà-vu-Erlebnis zu haben. Wie am 11. September 2001 liefen immer und immer wieder die gleichen Bilder ab. Wie versteinert habe sie auf der Couch gesessen und gedacht: »So etwas will niemand miterleben, so etwas braucht doch niemand.«

Ich höre ihr zu und berichte ihr dann, wie mein Tag ausgesehen hat. Angefangen von den ersten Notrufen, der Gefahr, in der wir uns unwissentlich aufhielten, und dem selbstlosen Einsatz der Kollegen bis zur Begegnung mit Roland Goertz und der E-Mail von Gerhard Kern.

Ich sage ihr, dass die nächsten Tage nicht einfach werden, aber dass wir das alles meistern können. Und noch eine ganz andere Sache spreche ich an: Ich rede vom Heiraten. Seit zehn Jahren sind wir nun zusammen. Der Tag heute hat mir gezeigt, wie schnell sich Dinge im Leben verändern können und wie wenig man alles in der Hand hat. Es ist an der Zeit, dass wir Nägel mit Köpfen machen.

Die Uhr zeigt bereits 1.00 Uhr, als ich endlich ins Bett gehe. Jetzt, während ich liege und ganz langsam zur Ruhe komme, bemerke ich plötzlich auch mein Herz, das bis zum Hals schlägt und etwas unregelmäßig hüpft.

Meine Gedanken kreisen weiter um den Tag und das Erlebte. Irgendwann fallen mir einfach die Augen zu.

Donnerstag, 12. März 2009

Backnanger Kreiszeitung (Donnerstag, 12. März)

Entsetzen pur nach dem Amoklauf von Winnenden

Eine Stadt ist paralysiert – Geschäfte schließen und Kindergartenkinder dürfen nicht alleine nach Hause gehen – Chronologie der Ereignisse

Winnenden gestern Morgen kurz nach 10 Uhr. Die ganze Stadt ist nach dem Amoklauf mit insgesamt 16 Toten in Aufruhr. Polizeifahrzeuge und Rettungswagen rasen in alle Richtungen. Uniformierte allerorten. Und überall telefonieren Menschen. Menschen stehen auf den Straßen und Balkonen, in den Türen ihrer Häuser. Einzeln. Zu zweit. In Gruppen. Entsetzen pur in vielen Gesichtern.

Um 9.33 Uhr geht der Notruf ein. Ein Amokschütze hat in der Albertville-Realschule ein Blutbad angerichtet. Neun Schüler und drei Lehrerinnen überleben den Wahnsinn nicht, auch ein völlig unbeteiligter Gärtner im Park des Psychiatrischen Landeskrankenhauses wird von dem 17-jährigen Schützen getötet.

Eigentlich soll gestern um 11 Uhr im Rathaus eine Pressekonferenz mit Winnendens Oberbürgermeister Bernhard Fritz zum Thema Klinikneubau stattfinden.

Doch Fritz fehlt. Er wird eine Stunde vor dem Presse-
termin von der Bluttat unterrichtet und eilt an den Ort
des grausamen Geschehens. Weil der Täter nach den
Schüssen flüchtet, herrscht in der ganzen Innenstadt
Alarmstufe 1. Das Rathaus ist verschlossen. Außer der
Presse kommt keiner rein. Und kein Bürger wird gerne
rausgelassen. Die Pressekonferenz findet trotzdem statt.
Aber keiner der Beteiligten kann sich so wirklich auf das
Thema konzentrieren. Gegen 11.15 Uhr fällt erstmals
eine Zahl: neun Tote. Betroffenheit macht sich breit. Nur
zwei Minuten später ist das Pressegespräch beendet.

Ein Mitarbeiter signalisiert Hauptamtsleiter Peter
Holub, dass auch die Kindergarteneltern nervös sind.
Was soll mit den Kindern geschehen? Holub gibt die
Anweisung heraus, dass kein Kind alleine heim darf.
Nur wenn es von den Eltern abgeholt wird, dürfen die
Erzieherinnen die Kleinen in den Mittag entlassen.

Martinshörner legen derweil einen Schallteppich
über die gesamte Stadt. Blaue und grüne und zivile
Polizeiautos rasen in verschiedene Richtungen, zwei
Hubschrauber stehen am trüben Himmel. Eine Frau
mittleren Alters rennt in Stöckelschuhen durch die Fuß-
gängerzone. Das Handy am Ohr. »O Gott, o Gott«, ruft
sie immer wieder atemlos.

An den Türen zu den Geschäften kleben Zettel: »Ge-
schlossen.« Handschriftlich, in Eile zu Papier gebracht.
Leere Tische in den Cafés, in den Bäckereien stecken die
Bedienungen die Köpfe zusammen. Fassungslosigkeit
allerorten.

Einige Menschen eilen auch in die Richtung des
betroffenen Schulkomplexes. Eltern, Verwandte, Neu-
gierige. Und Pressevertreter. Einer dieser Zunft – ein

junger Mann Mitte zwanzig – trägt einen schwarzen Mantel und eine große schwarze Tasche. Das ist auch die Täterbeschreibung. Und weil der Reporter eine Hand in der Manteltasche stecken hat, macht er sich verdächtig. Er wird von einem Polizisten von Weitem zum Stehen aufgefordert. Das Pech des Mannes, dass er nicht sofort reagiert. Mit der Maschinenpistole im Anschlag verstellt ein Polizist ihm den Weg. Drei Kollegen bringen den Unbedarften zu Boden, noch ehe er zweimal Luft holen kann. Erst nach einer Minute entspannt sich die Situation. Zwei Beamte rechts und links eskortieren den verdatterten Journalisten ins Pressezentrum in die Turnhalle des Schulzentrums. Dort ist eine Pressekonferenz auf 12.30 Uhr angesetzt. Doch die verschiebt sich. »Es hat sich eine neue Lage ergeben«, so die Begründung.

Tröpfchenweise sickert durch, dass der Amokläufer möglicherweise noch an einem zweiten Ort zugeschlagen hat. Dann ist es doch so weit. Alle Redner bringen ihr Entsetzen zum Ausdruck und versorgen die Reporter mit den aktuellsten Informationen. Weit über 100 Medienvertreter hören zum ersten Mal die aktuelle Schreckensbilanz: 16 Tote.

Für Klaus Hinderer, Pressesprecher der Polizeidirektion Waiblingen, ist der gestrige Tage der schlimmste Einsatz seines Lebens. Und er hat in seiner Laufbahn schon vieles erlebt. Etwa die Geiselnahme in der Neustädter Friedensschule, den brutalen Mord an der Polizistin Michelle Kiesewetter in Heilbronn oder die schweren Bahnunglücke in Schrozberg und Fichtenberg. Von den vielen tödlichen Verkehrsunfällen ganz zu schweigen . »Aber das, das kann ich noch gar nicht fassen.«

In der Halle sind auch zahlreiche türkische Medienvertreter und gar der türkische Generalkonsul aus Stuttgart, Umit Yardim. Viele Beobachter vermuten deshalb auch türkische Mitbürger unter den Opfern. Doch dem ist vermutlich nicht so, wie es zu diesem Zeitpunkt heißt. Yardim ist gekommen, um seinen deutschen Kollegen, den Bürgermeistern und Verantwortlichen sein tiefes Mitgefühl zu zeigen und Beileid auszusprechen.

Tatsächlich bestätigt Leutenbachs Bürgermeister Jürgen Kiesl, dass die meisten der Toten in der Klasse 9c zu betrauern sind. Und die setzt sich fast vollständig aus Kindern zusammen, die aus dem Ortsteil Weiler zum Stein kommen. Wie Kiesl auch ist Bürgermeisterkollege Gerhard Häuser aus Schwaikheim entsetzt und fassungslos. »Notfallpläne liegen vor, aber man rechnet nie damit, dass so etwas auch hier geschehen könnte.« Noch am Abend treffen sich die Bürgermeister der Verwaltungsgemeinschaft und Berglens Bürgermeister Wolfgang Schille sowie die Ältestenräte, um das weitere Vorgehen zu besprechen. Auch findet ein Trauergottesdienst in der katholischen Kirche St. Borromäus mit dem evangelischen Landesbischof Frank Otfried July und dem katholischen Weihbischof Thomas Maria Renz statt. Und für heute, 19 Uhr, ist ein weiterer großer ökumenischer Gottesdienst in der evangelischen Schlosskirche Winnenden angesetzt.

Ich schrecke auf und fahre hoch. Aber es ist nur der Wecker, der klingelt – heute schon um 5.00 Uhr, da wir für 6.00 Uhr eine Frühbesprechung anberaumt haben.

Ich habe tatsächlich geschlafen, aber nur sehr unruhig und so fühle ich mich auch, nämlich total gerädert.

Leise stelle ich meiner Frau den Wecker auf 6.00 Uhr und schleiche mich aus dem Schlafzimmer. Die unruhigen Gedanken von gestern haben sich über Nacht nicht verabschiedet und kreisen mir schon wieder durch den Kopf.

Seit ich wach bin, macht sich auch die Herzrhythmusstörung wieder bemerkbar, aber ich versuche, sie einfach zu ignorieren. Für nächste Woche Montag habe ich mir deswegen einen Termin geben lassen. Bis dahin muss es so gehen. Auf dem Weg nach Waiblingen höre ich im Radio die Zusammenfassung der gestrigen Ereignisse. Damit bin ich gedanklich endgültig mitten im Geschehen angekommen.

Gleichzeitig mit mir treffen auch mein Stellvertreter und der Kollege der Einsatzführung an der Dienststelle ein. Man sieht ihnen an, dass beide eine ähnlich zermürbende Nacht hinter sich haben wie ich. Nach einem kurzen Gruß begeben wir uns, jeder in sich versunken, zu den Büros in den zweiten Stock.

Die Mitarbeiter der Leitstelle berichten von einer für unsere Verhältnisse ruhigen Nacht. Ich hole mir noch schnell einen Kaffee und dann sprechen wir intern die bereits bekannten Termine des Tages durch.

Für 7.00 Uhr steht schon die erste Besprechung mit vielen Offiziellen auf dem Plan. An diesem Termin werden unter anderem der Landrat des Rems-Murr-Kreises, der Oberbürgermeister der Stadt Winnenden, der Vertreter der Kripo, der leitende Regierungsschuldirektor des Staatlichen Schulamtes, ein Vertreter des Jugendamtes, der Kreisbrandmeister, die Leiterin der Notfallnachsorge sowie die stellvertretende DRK-Kreisbereitschaftsleiterin und meine Wenigkeit teilnehmen. Da diese Besprechung in der Hermann-Schwab-Halle in Winnenden stattfinden wird, muss ich mich jetzt schnell auf den Weg machen.

Während der Fahrt wandern meine Gedanken wieder zu den Opfern des Amoklaufes. Ich frage mich, wie es den Verletzten wohl geht und wie die Angehörigen, die jemanden verloren haben, mit der Situation umgehen. Am Ziel angekommen sehe ich, dass die Halle von Polizeikräften bewacht und so gegen unliebsame Besucher geschützt wird. Ein Einlass ist nur durch die Legitimation anhand des Dienstausweises möglich und das ist auch gut so.

Nach einer kurzen Begrüßung beginnt die Besprechung mit dem Bericht eines Vertreters der Kriminalpolizei. Er bringt uns auf den aktuellen Stand der Ermittlungsarbeit und erläutert uns die Vorgehensweise bei der Betreuung der Opfer. Noch am Tattag wurden in Zusammenarbeit mit unserem DRK-Kreisverband sogenannte Betreuungsgruppen gebildet. Diese bestehen jeweils aus einem Polizeibeamten, einem Seelsorger, einem Schulpsychologen sowie einem Notfallnachsorger. Jede Familie, die ein Opfer zu beklagen hat, wird von einer dieser Betreuungsgruppen begleitet. Die Begleitung endet nicht automatisch mit dem offiziellen Teil, also nach dem Staatsakt, sondern sie wird so lange fortgeführt, wie sie nötig und erwünscht ist.

Ich habe Hochachtung vor dieser sehr intensiven und fordernden Aufgabe und den damit verbundenen Leistungen der Menschen dieser Betreuungsgruppe.

Der Oberbürgermeister von Winnenden gibt bekannt, dass er heute noch alle betroffenen Familien besuchen wird, um ihnen persönlich sein Beileid auszusprechen.

Für alle Behörden, Organisationen und Einrichtungen legen wir nun noch jeweils einen Ansprechpartner fest, der in den folgenden Tagen die Fäden zusammenhält und für unbürokratische Abläufe sorgen soll.

Obwohl man es jedem Einzelnen ansieht, dass er in dieser Nacht nicht zur Ruhe gekommen ist, läuft die Besprechung konzentriert und effektiv ab. Das ist auch notwendig, denn die nächste schließt sich direkt an. Diesmal mit Stadtverwaltung, Schulbehörde, Landes- und Kreisbehörde im Lessing-Gymnasium.

Bei dieser Besprechung treffe ich auf die äußerlich sehr gefasste Rektorin der Albertville-Realschule. Sie bedankt sich bei allen Einsatzkräften für die bis jetzt in so vielfältiger Art und Weise erfahrene Hilfe und Unterstützung.

Ich behalte die Direktorin die ganze Zeit im Blick, genauso wie die Leiterin der Notfallnachsorge. Beide haben wir den deutlichen Eindruck, dass sie nur äußerlich gefasst wirkt. Gemeinsam veranlassen wir, dass auch die Direktorin eine Betreuung an die Seite gestellt bekommt.

Der Waiblinger Polizeidirektor berichtet vom Stand der Dinge. Am Tatort arbeite die Polizei Waiblingen mit Bundes- und Landeskriminalamt zusammen, erklärt er. Der Tatort sei kein schöner Anblick. Der Polizeidirektor berichtet von einer »massiven« Zerstörung und »massiven« Blutlachen. Die gerichtsmedizinische Untersuchung sei bereits abgeschlossen, berichtet er weiter. Die getöteten Kinder und Lehrer würden noch heute nach Winnenden auf das Gelände des Zentrums für Psychiatrie überführt werden. Dort sollen sie gemeinsam aufgebahrt werden.

Für die Familien und alle Angehörigen soll dort ein stilles Abschiednehmen möglich sein. Damit das tatsächlich geschehen kann und nicht etwa die Medien davon erfahren, vereinbaren wir ein absolutes Stillschweigen.

Auch am Zentrum für Psychiatrie werden wir mit mindestens zwei Rettungswagen und einem Notarzteinsatzfahrzeug sein. Außerdem ist eine große Anzahl von Schulpsychologen nach Winnenden abgeordnet worden.

Mit diesen Informationen sind die morgendlichen Besprechungen abgeschlossen und ich laufe wieder in Richtung Hermann-Schwab-Halle, um dort zu erfahren, welche Aufgaben sich in der Zwischenzeit ergeben haben.

Die wenigen Meter an der frischen Luft tun mir gut. Ich nehme den großen Fuhrpark der verschiedenen Medienvertreter wahr. Die Szenerie um den Schulkomplex herum hat mittlerweile das Flair eines Campingplatzes, der ausschließlich Wohnmobile beherbergt. Dicht an dicht gedrängt stehen die Wagen, jeder auf seiner Parzelle. Überall geschäftiges Treiben, nachbarschaftliche Gemeinsamkeit und auf jedem Fahrzeug sieht man die SAT-Schüsseln, von denen eine höher ist als die andere.

Wenn ich nicht wüsste, dass der Grund für dieses Szenario ein trauriges Ereignis ist, könnte man der trügerischen Idylle fast schon was Heimeliges abgewinnen.

Bevor ich die Halle betrete, rufe ich im Büro an. Dort häufen sich die Anfragen von verschiedenen Fernsehsendern, den einzelnen Tageszeitungen und sonstigen irgendwie wichtigen Personen. Außerdem erfahre ich, dass die ermittelnden Behörden einen Einsatzkalender angefordert haben, den wir zusammenstellen müssen. In diesem detaillierten Bericht werden minutiös alle Aktivitäten des Rettungsdienstes am gestrigen Tag von 9.34 Uhr bis zum Einsatzende beschrieben. Ich teile meiner Assistentin mit, dass ich in etwa einer Stunde wieder im Büro sein werde.

In der Hermann-Schwab-Halle bekomme ich einen Becher Kaffee mit Milch und etwas Zucker. In Gedanken bin ich bereits bei der Planung der Einsatznachbesprechung, die wir für heute Abend vorgesehen haben. Dieses Angebot soll den Kollegen und Mitarbeitern, die am Tattag unmittelbar beteiligt waren, die Möglichkeit zur Aufarbeitung des Erlebten geben und zugleich eine Hilfestellung und Unterstützung bei der Verarbeitung sein. Deshalb wird diese Runde professionell von einer Psychologin begleitet und geführt. Die Teilnahme daran ist freiwillig und jeder der Beteiligten kann, muss aber nichts sagen, wenn ihm nicht danach ist.

Ich setze mich mit meinem Becher Kaffee in eine stille Ecke der Halle und gehe einigen Gedanken nach. Rings um mich herum herrscht geschäftiges, aber von Trauer überschattetes Treiben. Ein paar Punkte der Einsatznachbesprechung liegen mir noch etwas quer im Magen, deswegen suche ich noch einmal das Gespräch mit der Leiterin des Notfallnachsorgedienstes. Von ihr bekomme ich noch einige gute Anregungen für den Gesprächsaufbau heute Abend. Inzwischen wartet im Waiblinger Büro aber auch schon wieder viel Arbeit, und so mache ich mich gegen 11.00 Uhr auf den Weg zurück.

Die größte Herausforderung ist dort zunächst, der Flut von Anfragen und Nachrichten Herr zu werden. Das gelingt nur, indem ich gnadenlos Wichtiges von Unwichtigem trenne. Immerhin bleibt noch Zeit für eine kurze Mittagspause in Form eines Apfels, bevor ich mich mit einigen Kollegen wieder auf den Weg nach Winnenden mache. Das Staatsministerium hat für 14.00 Uhr eine Besprechung im Rathaus angesetzt. Der wichtigste Punkt ist dabei die Vorbereitung der Trauerfeier am Samstag, den 21.03.2009, in Winnenden. Mehr als drei Stunden sitzen wir zusammen und arbeiten konzentriert am Ablauf des Staatsaktes. Auf dem Rückweg nach Waiblingen diskutieren wir im Auto bereits die eine oder andere Idee, wie wir unsere Maßnahmen dabei vor Ort am besten umsetzen können.

Bevor in Waiblingen die Einsatzkräftenachbesprechung anfängt, kann ich noch zwei »wichtige« Telefonate mit meinen beiden Söhnen Kevin und Dennis führen. Nach den intensiven Besprechungen heute ist es schön, mit jemandem zu reden, der einem so nahe steht und immer wieder auf den Boden holt. So auch heute.

Mir fällt auf, dass sich mein Herz nach dem stürmischen Start am Morgen schon den ganzen Tag recht gemäßigt verhält. Ab und zu spüre ich die Unregelmäßigkeiten am Pulsschlag, aber alles in allem sind die Dinge für mich im grünen Bereich.

Jetzt geht es zur Einsatzkräftebesprechung, die mich gedanklich schon den größten Teil des Tages beschäftigt. Der Saal ist brechend voll, was beweist, dass alle eingesetzten Mitarbeiter das Gesprächsangebot angenommen haben.

Ich begrüße alle Anwesende sehr herzlich und spreche ihnen meinen persönlichen Dank und meine Hochachtung aus. Danach übernimmt die Leiterin der Notfallnachsorge die Moderation und ich setze mich in die Runde der Teilnehmer. Es ist natürlich in einer so großen Runde immer schwierig, einen Gesprächseinstieg zu schaffen, und so beginne ich von meinen eigenen Eindrücken, meinem Gefühlszustand und meiner etwas angeschlagenen gesundheitlichen Situation zu erzählen.

Das bricht das Eis. Nachdem der »Chef« offen über das Erlebte berichtet hat, schließen sich viele andere an. Fast jeder fügt einen persönlichen Beitrag hinzu. In diesen reichlich drei Stunden haben wir sehr viel Gemeinsamkeiten beim Erleben festgestellt. Eine Frage bleibt bis zum Schluss stehen: »Haben wir alles richtig gemacht?« Nach dem derzeitigen Kenntnisstand kommen wir zu dem Ergebnis, dass das sehr wohl der Fall ist.

Unsere Moderatorin legt am Schluss noch Adressen von externen Psychologen und Beratungsstellen aus, damit jeder anonym die Möglichkeit hat, Hilfe in Anspruch zu nehmen.

Nach der Besprechung schaue ich noch einmal in meinem Büro vorbei, um zu sehen, was in der Zwischenzeit alles an Aufgaben auf meinem Schreibtisch oder im E-Mail-Postfach gelandet ist. Und das ist wieder einiges.

Gestern habe ich mich über die völlig unerwartete E-Mail von Gerhard Kern gefreut. Für heute hatten wir uns ein Telefongespräch vorgenommen. Wie vereinbart, rufe ich ihn an und erreiche ihn auch sofort.

Obwohl er mehr als tausend Kilometer entfernt im Kosovo ist, kommt es mir vor, als säße er neben mir.

Wir unterhalten uns über die momentane Situation und die Ereignisse des gestrigen und heutigen Tages. Er erzählt mir, wie er das Geschehen aus der Ferne wahrgenommen und verfolgt hat.

Auch unsere privaten Umstände sind Inhalt unseres Gesprächs. Nach einer guten halben Stunde verabschieden wir uns so herzlich, wie das telefonisch machbar ist, und vereinbaren ein weiteres Telefonat.

Trotz aller aufreibenden Ereignisse fahre ich gegen 23.00 Uhr mit dem guten Gefühl nach Hause, heute viel geschafft und angestoßen zu haben. Meine Frau Steffi ist noch wach und wir unterhalten uns noch kurz über den Tag.

Auch in dieser Nacht gilt für die Kollegen in der Leitstelle, dass sie mich umgehend informieren sollen, wenn es besondere Ereignisse geben sollte.

Freitag, 13. März 2009

Waiblinger Kreiszeitung (13. März)

Medien belagern Winnenden

Wer an der Schule trauert, auf den lauern die Kameras –
die Journalisten machen sich darüber Gedanken
Winnenden/Waiblingen.
26 Satellitenschüsseln ragen in den Winnender Himmel.
Vor der Albertville-Realschule stehen Dutzende Kame-
raleute. Sie filmen Hunderte Menschen, die Blumen hin-
terlegen, Kerzen anzünden, sich in den Arm nehmen.
»Ich bin angewidert von dem Jahrmarkt in Winnenden«,
sagt ZDF-Journalist Anton Jany. Andere Reporter glau-
ben, den Spagat zwischen Pflicht und Sensationsgier
noch zu meistern.

Die acht Jungs stehen im Kreis. Abseits von den
Kameras, abseits von den Übertragungswagen, auf der
anderen Straßenseite. »Verpiss dich einfach«, schreien
sie, wenn sie ein Reporter anspricht. Ein paar Meter
weiter mischt sich eine Frau in ein Gespräch mit einem
Journalisten ein. »Ihr müsst nichts sagen, das wisst ihr
doch?«, sagt die Frau zu zwei Jungs aus Leutenbach. Die
Zwölfjährigen erzählen gerade dem Reporter, warum
sie hier sind. Warum sie vor der Albertville-Realschule
stehen und Blumen hingelegt haben. Der Journalist ver-

spricht, keine Namen zu schreiben. »Ich find's trotzdem nicht richtig«, sagt die Frau und geht weg.

Mehr als hundert Journalisten, Kameraleute, Fotografen und Techniker haben sich gestern vor der Albertville-Realschule versammelt. 26 Übertragungswagen mit Satellitenschüsseln stehen dicht gedrängt nebeneinander, allein auf dem Gehweg liegen zwölf Kabel. Techniker bauen kleine Zelte auf, die vor dem Regen schützen. ARD, ZDF, RTL, N24, NTV, alle sind sie da. Dazu ausländische Medien wie CNN und sogar der arabische Sender Al-Dschasira.

Einige sind am Mittwoch noch in Köln gewesen, wo vor kurzem das Stadtarchiv eingestürzt ist. «Ich sollte noch eine Geschichte unter Tage drehen«, sagt RTL-Reporter Jenke von Wilmsdorff. Dann hat der Amoklauf in Winnenden alles geändert. Jetzt dreht er für das RTL-Magazin »Extra« ein Stück über den Medienrummel. Er habe, erzählt er, zum Beispiel mit Anwohnern gesprochen, ob Journalisten schon an ihren Haustüren geklingelt hatten. »Das war überhaupt nicht der Fall.« Seiner Beobachtung nach würden die Journalisten sensibel mit der Trauer der Menschen umgehen. »Wir reden hier von einer Schule. Von Kindern als Opfer. Ich bin auch Vater von einem 18-jährigen Sohn. Da macht man sich Gedanken.«

Stunden zuvor in der Polizeidirektion Waiblingen ist von der Nachdenklichkeit wenig zu spüren. Es ist 13 Uhr, die Pressekonferenz läuft seit einer halben Stunde. Der Saal im obersten Stockwerk ist voll mit Menschen. Körper an Körper stehen die Journalisten zusammen, man riecht den Schweiß des Nachbarn. Einige Reporter stehen vor der Tür, andere sitzen vor dem Podium auf dem

Boden. Mehr als 40 Kameras laufen, dauernd blitzen Fotoapparate auf, die Lüftungen von Laptops surren, manchmal klingelt ein Handy. Auf dem Rednerpult stapeln sich mehr als 20 Mikrofone. Als die Journalisten Fragen stellen dürfen, beginnt ein Kampf um Aufmerksamkeit. Es sind vor allem die deutschen Kollegen, die jetzt vorpreschen. »Wir sollten darauf achten, dass auch andere Kollegen drankommen«, mahnt eine Frau. Umsonst. Nicht alle bleiben bis zum Schluss. »Jetzt kommen die Pups-Fragen. Lass uns zusammenpacken«, sagt eine Journalistin zu ihrem Kameramann. Derweil wollen andere vorzeitig ihr Mikrofon vom Pult wieder. Bei der ersten Journalistin gibt ein Sicherheitsmann noch nach, dann bleibt er hart. »Alles auf einmal.«

Um 13.55 Uhr eilen die meisten aus dem Saal. Einige schreiben noch auf ihren Laptops einen Text, um ihn sofort per Internet an ihre Redaktion zu schicken. Fernsehreporter schalten live ins Studio und geben in Nachrichtensendungen ihr Wissen bekannt. Einer von ihnen ist Robert Annetzberger, Chef vom Dienst und Reporter des Nachrichtenkanals N24. Hat ihm die Konferenz etwas gebracht? »Einigermaßen, ja.« So viel Rummel, sagt er, habe er auf einer Pressekonferenz selten erlebt. »Eigentlich nur in Gaza, als Steinmeier da war. Oder Livni und der UN-Generalsekretär.« Es ist der erste Tag für Robert Annetzberger, in Winnenden war er noch nicht. Irgendwie, gibt er zu, sei er froh, jetzt hier unter all den Journalisten zu sein – und nicht in Winnenden. »Hier geht es steril und sachlich ab.«

ZDF-Journalist Anton Jany war am Mittwoch bereits an der Albertville-Realschule. »Das war einer meiner schlimmsten Tage als Journalist«, sagt er. Seit den 80er-

Jahren ist er im Geschäft. Der Journalisten-Jahrmarkt rund um die Schule, das habe ihn angewidert. Doch er weiß, so einfach ist es mit der Schelte nicht. »Wir müssen ja: Das ist das Problem. Wir haben eine Chronistenpflicht.«

In Winnenden vor der Albertville-Realschule filmen die Kameraleute alles. Auch fotografiert wird alles. Die Reporter halten sich allerdings mit den Fragen zurück. Wer an dem meterlangen Blumenmeer neben dem Bushaltestreifen steht, hat seine Ruhe. Hier legen die Menschen Blumen, Kerzen, Kuscheltiere und selbst gemalte Bilder nieder. Hier können die Menschen weinen, sich an den Händen halten. Ein Mikrofon hält ihnen niemand vor die Nase. Fast niemand.

»Türkisch?«, fragt ein Journalist mit Kamera eine weinende Frau und ihren Freund. Die Kamera läuft schon, der Journalist lächelt beiden zu. »Nein, Italiener«, antwortet der Mann und geht.

Tag zwei nach dem Amok-Einsatz. Heute klingelt der Wecker erst 5.30 Uhr. Wie viel ich diese Nacht geschlafen habe, kann ich kaum beurteilen. Seit dem Weckerklingeln stehe ich hellwach auf der Matte. Müdigkeitsgefühle haben sich seit Mittwoch noch nicht wieder richtig eingestellt.

»Heute ist Freitag, der 13. März«, trällert es aus dem Radio, das ich anschalte, bevor ich im Bad verschwinde. Welches Datum auf einen Freitag fällt, ist mir allerdings herzlich egal. Es gibt Wichtigeres, worüber man sich Sorgen machen kann. Mich beschäftigt die Frage, welche Themen heute wohl anstehen.

Meine Herzrhythmusstörungen melden sich heute noch etwas ausgeprägter als sonst. Aber ich verdränge die Problematik erfolgreich.

Seit gestern fahren meine Frau und ich getrennt zur Arbeit nach Waiblingen, da sich bei mir auch in den nächsten Tagen kein normaler Feierabend abzeichnet.

Ich bin wieder pünktlich um 7.00 Uhr im Büro. Viel Zeit für Abstimmungen bleibt nicht, denn für 8.00 Uhr ist schon die erste Sitzung des Verwaltungsstabes in Winnenden angesetzt. Kurz bevor ich aufbreche, überfliege ich die zahlreichen E-Mail-Eingänge und stelle fest, dass einige Radio- und Fernsehanstalten extrem hartnäckig sind.

Das Thema Medien hat im Umkreis in den vergangenen Tagen und Stunden bei vielen Menschen einen schalen Geschmack hinterlassen. Es gab Journalisten, die vor Ort Kindern Geld angeboten haben, um an Klassenfotos oder an private Fotoaufnahmen zu kommen.

Der Einfallsreichtum mancher Pressevertreter machte auch vor dem Anmieten von Wohnungen, um bei Bestattungen »gutes« Bildmaterial zu bekommen, nicht Halt. Der Gipfel der Geschmacklosigkeit wurde aber erreicht, als eine Schar von Fotografen einen offenen Lieferwagen mietete, um auf diesem dann vor Friedhöfen zu fotografieren.

Da sich unter den Anfragen, die wieder bei mir gelandet sind, auch Sender befinden, die einen gerne mal in die Pfanne hauen, lasse ich sie zur Beantwortung direkt an die Pressestelle der Waiblinger Polizei weiterleiten.

Auf der Fahrt nach Winnenden habe ich auf einmal wieder die Bilder vom Mittwoch im Kopf, sehe die Angst und das Entsetzen der Kinder vor mir. Ich bin froh, als ich endlich am Ziel ankomme und mich meine Aufgaben davon ablenken.

In der Sitzungsrunde blicke ich in bekannte und in einige unbekannte Gesichter. Der Verwaltungsstab besteht aus Vertretern der Landesregierung, des Staatsministeriums, des Regierungspräsidiums, des staatlichen Schulamtes, des Landkreises, der örtlichen Verwaltung, der Polizei, des Rettungsdienstes, des Sanitätsdienstes, der Notfallseelsorger, der Feuerwehr, der Unfallkasse des Bundes sowie aus einigen weiteren Fachberatern für die einzelnen Sachgebiete. Zunächst werden alle Teilnehmer auf den gleichen Informationsstand gebracht, für mich ist wenig Neues dabei. Anschließend geht es um die tagesaktuellen Aufgaben der einzelnen Fachbereiche. Die größte Herausforderung für alle Teilnehmer ist die Planung und Gestaltung der großen Trauerfeier am Samstag in einer reichlichen Woche.

Die Anwohner gehen auf ihre Weise mit dem Presseaufgebot um

Nach der Sitzung schaue ich noch einmal in der Hermann-Schwab-Halle vorbei. Heute sind viele Schüler und Lehrer der unterschiedlichsten Klassen der Albertville-Realschule dort. Sie nehmen an den Gesprächskreisen teil, die die Notfallseelsorge anbietet. Es herrscht eine gedämpfte, aber trotzdem hoffnungsvolle Atmosphäre in diesen Gruppen. Die Anwesenden fühlen sich gut aufgehoben mit ihren Sorgen und Nöten. Mit diesen Eindrücken und vielen Aufgaben für den Rettungsdienst fahre ich zurück nach Waiblingen und mache die Kollegen mit den neuen Aufgaben vertraut. Bei einer Tasse Kaffee gehe ich den weiteren Tagesablauf in Gedanken durch.

Meine Frau und ich haben gestern noch beschlossen, eine kurze Auszeit zu nehmen und heute Abend Richtung Öhringen und Zweiflingen, unsere Heimatorte, zu fahren. Dort werde ich meine beiden Söhne Kevin und Dennis, die Familie und Freunde treffen. Um diese Treffen kreisen auch meine Gedanken: »Wie werden die einzelnen Personen auf mich reagieren und ich auf sie? Wie gehe ich mit ihren Fragen, Sorgen und Unterstützungsangeboten um?«

Es wird wohl für beide Seiten seltsam sein, wenn ich nach dem Ausnahmezustand plötzlich wieder im ganz normalen familiären Umfeld ankomme. Ein bisschen mulmig ist mir dabei schon und mein Herz, das sich bereits den ganzen Tag bemerkbar macht, schlägt mir auch jetzt bis zum Hals. Ich bin so in Gedanken vertieft, dass ich meinen Kollegen völlig ignoriere, der seit einer Weile versucht, meine Aufmerksamkeit zu gewinnen. Erst als er mir auf die Schulter klopft, blicke ich auf. »Alles okay mit dir?«, fragt mein Stellvertreter.

»Ja«, antworte ich, »ich war nur gerade ganz woanders.«

»Da bin ich aber froh, dass du dich dort nicht verlaufen hast«, kommt die trockene Antwort. Recht hat er. Wir grinsen uns kurz an.

Der Tag eilt nur so an mir vorbei. In einer weiteren Sitzung in Winnenden werden die Details für das kommende Wochenende geplant. Am Samstag sind zwei Bestattungen vorgesehen, bei denen wir auch als Rettungsdienst vorsichtshalber zugegen sein werden. Außerdem wird die Polizei mit mehreren Kräften vor Ort sein, um das Film- und Fotografierverbot, das die Stadt angeordnet hat, durchzusetzen.

Gegen 17.00 Uhr verabschiede ich mich für einen Tag ins Wochenende. Morgen übernimmt mein Stellvertreter.

Es wissen nur einige wenige Menschen, dass wir unseren Heimatkreis besuchen werden. Darunter sind natürlich meine Söhne Kevin und Dennis, die Schwiegereltern und ein paar Freunde, mit denen wir uns verabredet haben. Das Letzte, was ich im Moment gebrauchen kann, ist großer Rummel. Ganz unbegründet ist diese Sorge nicht. Heute ist das Interview, das ich gestern noch gegeben habe, mit Bild von mir in der Hohenloher Zeitung erschienen. Da ich in dem Kreis sowieso bekannt bin wie ein bunter Hund, habe ich, ehrlich gesagt, Angst vor einem Spießrutenlauf durch die interessierte Menge. Auf diese traurige Berühmtheit hätte ich sehr gerne verzichtet.

Meine Frau Steffi und ich fahren die 65 Kilometer lange Strecke gemütlich und ohne jede Hektik. Aber mit jedem Kilometer, den wir dem Ziel näherkommen, werde ich nervöser. Mir schlägt das Herz schon wieder bis zum Hals – ein Gruß meiner Herzrhythmusstörung. Ich fühle mich wie bei einer ersten Verabredung.

Als wir in Zweiflingen ankommen, ist es bereits dunkel. Wie immer, wenn wir die Hofeinfahrt hinauffahren, werden wir von Charly begrüßt, dem dreijährigen Schäferhund meiner Schwiegereltern.

Bevor wir ins Haus gehen, lassen wir ihm zunächst ausreichend Aufmerksamkeit zukommen, was er mit begeistertem Anspringen und Abschlecken quittiert. Was für ein Willkommen! Oben warten bereits die Eltern meiner Frau Steffi auf uns.

Wir haben ein super Verhältnis. Beide sind unkompliziert und völlig entspannt. Aus diesem Grund bin auch sehr gerne bei ihnen in Zweiflingen. Es ist nie langweilig und es gibt immer etwas zu lachen.

Natürlich kommen wir im Gespräch schnell auf den Amoklauf. Sie wollen wissen, wie es mir geht, und erzählen dann von ihrem Erleben.

Meine Schwiegermutter berichtet, dass sie Mittwochvormittag noch einige Besorgungen zu erledigen hatte, bevor sie zur Arbeit in einer Getränkehandlung aufbrach. Dort angekommen, wurde sie von ihrer Kollegin gefragt, ob sie bereits von dem Amoklauf gehört hätte. Vom Amoklauf in Alabama habe sie gehört, antwortete meine Schwiegermutter. Daraufhin erwiderte die Kollegin, dass dieser Amoklauf nicht in Amerika, sondern ganz in der Nähe stattgefunden habe. Sie glaubte, Winnenden verstanden zu haben.

Meine Schwiegermutter erzählt, dass das Erste, was ihr nach einer kurzen Schockstarre durch den Kopf schoss, der Gedanke war: »Ach, du lieber Gott, das ist ja beim Hannes!« Ab diesem Moment habe sie keine ruhige Minute mehr gehabt und versucht, weitere Informationen zu bekommen. Da es in diesem Betrieb kein Radio gibt, war sie von den aktuellen Berichterstattungen abgeschnitten und auf die Berichte von Kunden angewiesen. In die neusten Informationen über die Anzahl der Toten und Verletzten mischten sich aber auch noch die persönlichen Interpretationen der einzelnen Ladenbesucher. Diese Nachrichtenlage machte es meiner Schwiegermutter nicht gerade leicht, ihre Unruhe im Zaum zu halten. Als sie endlich Feierabend hatte, konnte sie direkt nach Hause eilen. Über das Autoradio und die laufende Berichterstattung habe sie sich selbst ein erstes Bild gemacht, sagt sie. Als sie zu Hause ihren Mann auf die Tragödie in Winnenden ansprach, wusste dieser noch von nichts. An einen normalen Tagesablauf oder geplante Arbeiten war natürlich nicht mehr zu denken. Von meiner Frau erfuhr meine Schwiegermutter später, dass mit mir alles in Ordnung war. Sorgen habe sie sich natürlich trotzdem gemacht.

Wir unterhalten uns noch eine ganze Weile, bevor ich nach Pfahlbach zu meinen Söhnen aufbreche, mit denen ich mich für heute Abend noch verabredet habe. Sie leben bei ihrer Mutter, meiner geschiedenen Frau. Wir pflegen ein gutes Verhältnis, was das Miteinander auf allen Ebenen deutlich vereinfacht. Als ich dort ankomme, werde ich bereits von Kevin und Dennis erwartet.

Ich drücke meine beiden Kinder etwas länger als sonst und bin froh, dass sie da sind. Kevin, der Große, absolviert gerade eine Ausbildung zum Mechatroniker. Mein jüngster Sohn Dennis geht in die neunte Klasse. Allerdings in der Realschule in Öhringen. Er ist im selben Alter wie viele der getöteten Kinder. Würde er nicht bei seiner Mutter leben, wäre er vermutlich auch in Winnenden zur Schule gegangen.

Ich bin doppelt froh, sie zu sehen. Mit meiner Ex-Frau unterhalte ich mich noch eine Weile über die ganze Situation und verabrede mich mit meinen Jungs noch einmal für morgen. Bevor ich wieder fahre, drücke ich meine Söhne erneut ganz fest. Stück für Stück fällt die Anspannung von mir ab und ich werde innerlich etwas ruhiger.

Mit meiner Frau Steffi mache ich mich gegen 20.30 Uhr auf den Weg nach Öhringen in unsere Stammkneipe, das Café/Bistro »Hamballe«. Der Begriff »Kneipe« klingt eher negativ und trifft es eigentlich nicht so richtig. Das »Hamballe« mit seinem Wirt Siegfried Schlumpberger, auch Siggi oder Schlumpi genannt, ist eine Institution im gesamten Umkreis. Hier trifft man vom Straßenmusiker bis zum Gourmetkoch jede Berufsschicht und Altersklasse. Aber im Gegensatz zu vielen Szenekneipen ist es völlig egal, wie wichtig man im normalen Leben ist und wie viel Geld man verdient. In dieser entspannten Atmosphäre sind schon viele tolle Ideen geboren und teilweise auch umgesetzt worden. Für mich und viele meiner Freunde ist das »Hamballe« eine Art zweites Zuhause geworden.

Als meine Frau und ich dort eintreffen, herrscht bereits reges Treiben. Mein Herz schlägt beim Hineingehen wieder bis zum Hals. Wie das so üblich ist, wenn neue Gäste ein Lokal betreten, richten sich zunächst alle Blicke kurz auf die Neuankömmlinge. So auch in unserem Fall. Nur dieses Mal bleiben die Blicke vieler Gäste an uns kleben und wandern nicht weiter. Einigen Gästen bleibt der Mund offen stehen und andere fangen an zu tuscheln. Hier und da hört man Satzfetzen: »…das ist doch der vom Amoklauf in Winnenden … der im Fernsehen zu sehen war und heute in der Zeitung steht …«

»Ja, der ist es«, denke ich bei mir, »und zwar, wie er leibt und lebt.«

Meine Frau und ich ignorieren die ganze Situation so gut es geht und begeben uns an den Tresen, wo auch schon viele unserer Freunde sitzen.

Als klar war, dass wir heute ins »Hamballe« gehen, gab es im Vorfeld einige Telefonate zwischen meiner Frau und unseren Freunden Achim und Schlumpi. Sie wollten sich darum kümmern, dass das ein ganz normaler Abend für mich wird. Gespräche, die den Charme einer Pressekonferenz haben, wollen sie unterbinden. Das ist für mich ein echter Freundschaftsdienst. Ich freue mich, unsere Freunde Schlumpi, Achim, Johnson, Babb, Klaus, Eddy, Bepe, Simone, Frank und Gerhard zu sehen. Die Begrüßung fällt wie immer sehr herzlich aus.

Schlumpi steht am Tresen und zapft wie immer in aller Gemütsruhe die verschiedenen Biere frisch vom Fass. Lecker!!

Ich freue mich seit Tagen auf ein frisch gezapftes Weizenbier! Und Schlumpi fragt mit der gleichen Gelassenheit wie er auch das Bier zapft: »Hannes, Hefe?« Ich nicke. Meine Frau trinkt wie so oft ihre Colaschorle. Sie übernimmt die Heimfahrt.

Wenn ein Besuch im »Hamballe« ansteht, teilen wir uns immer die Fahrstrecke. Ich übernehme freiwillig die Hinfahrt, meine Frau etwas weniger freiwillig die Rückfahrt. Wir unterhalten uns in freundschaftlicher Runde über alle möglichen Themen von Politik über Sport bis hin zu lokalpolitischen Themen. Die lokalpolitischen Neuigkeiten interessieren mich am meisten, da ich meiner Heimatstadt Öhringen immer noch sehr eng verbunden bin. Heimat ist und bleibt eben Heimat.

Eine ganze Weile später betritt ein weiterer guter Bekannter in schon leicht angeheiterter Stimmung das Lokal. Als er mich erblickt, gibt es zunächst ein großes Hallo. Allerdings besitzt er in Gesprächen das Feingefühl eines Elefanten im Porzellanladen. So auch heute beim Thema »Amoklauf in Winnenden«. Aber noch bevor er richtig loslegen kann, steht Achim bereits parat und verweist ihn in die Schranken. Dafür bin ich ihm sehr dankbar. Heute Abend habe ich wirklich keine Lust, mich zu diesem Thema zu äußern.

Der restliche Abend verläuft in angenehmen, ruhigen Bahnen, bis wir gegen halb eins die Rückfahrt nach Zweiflingen zu meinen Schwiegereltern antreten. Dort haben wir ein Gästezimmer, das uns für die gelegentlichen Wochenendbesuche zur Verfügung steht.

Die Nacht verläuft unruhig und ich schlafe sehr schlecht ein. In Gedanken bin ich bei meinen Kollegen im Rems-Murr-Kreis. Ich habe das Gefühl, dass ich sie alleingelassen habe, obwohl das natürlich totaler Quatsch ist. Aber mitten in der Nacht ist man nicht besonders empfänglich für Logik.

Auch die Herzrhythmusstörungen ärgern mich wieder mehr als sonst. Das könnte natürlich auch an den Weizenbieren liegen.

Samstag, 14. März 2009

Ich bin bereits wach, als der Wecker um 8.00 Uhr klingelt. Meine Frau schlummert noch selig.

Gerädert begebe ich mich ins Badezimmer und versuche, die Spuren der Nacht zu beseitigen. Dabei bin ich nicht besonders erfolgreich.

Meine Schwiegermutter macht gerade Frühstück und ich bekomme einen Früchtetee. Appetit habe ich keinen.

Dafür nehme ich mir die Tageszeitung und studiere vor allem den Lokalteil sehr ausführlich und lange.

Bei der Lektüre holt mich aber das Hier und Jetzt sehr schnell wieder ein. Die Berichterstattung über Winnenden ist verständlicherweise auch hier das große Thema.

Nachdem ich die Zeitung ausgelesen habe, mache ich mich fertig, damit ich wie gestern versprochen zu einem weiteren Besuch bei meinen beiden Jungs aufbrechen kann.

Dort werde ich bereits erwartet.

Bei diesem Besuch geht es glücklicherweise nur am Rande um das Thema Winnenden.

Im Mittelpunkt stehen die alltäglichen Fragen des Familienlebens:

Was läuft in der Schule und der Berufsausbildung, was machen die Prüfungsvorbereitungen, wie läuft es bei der Berufsausbildung und im Ehrenamt bei der Feuerwehr? Auch Männerthemen wie Frisur und Klamotten bleiben nicht aus.

Ich freue mich über das Interesse meiner Söhne an meiner Meinung. Ob die allerdings – gerade bei Frisur- und Bekleidungsfragen – immer hilfreich ist, wage ich zu bezweifeln.

Die Stimmung ist entspannt, aber die gemeinsame Zeit ist mal wieder viel zu schnell um. Kurz bevor ich gehe, erzählt mir meine Ex-Frau noch, dass sie von sehr vielen Eltern gehört habe, die mit ihren Kindern am Sonntag nach Winnenden pilgern möchten, um ihre Trauer und Anteilnahme auszudrücken. Ich denke, ich höre nicht recht und bin erst einmal sprachlos. Das Letzte, was die Menschen in Winnenden jetzt brauchen können, ist Katastrophentourismus.

Die Verabschiedung ist herzlich und wir verabreden uns für Samstag in einer Woche für den nächsten Besuch. Telefonieren werden wir aber in dieser Zeit auf alle Fälle regelmäßig. Ich winke bei der Abfahrt, bis ich um die Ecke gebogen bin.

In Öhringen erledige ich schnell die nötigsten Einkäufe fürs Wochenende, fahre zum Metzger und zum Bäcker. Die Blicke, mit denen mich die anderen Kunden taxieren, bereiten mir deutliches Unbehagen, deshalb bin ich heilfroh, als ich wieder aus den Geschäften heraus bin. Den Besuch im CD-Laden, den ich noch geplant hatte, streiche ich gleich komplett.

Als ich wieder bei den Schwiegereltern ankomme, packt meine Frau gerade unsere Sachen.

Wir bekommen sogar noch einen frisch gekochten Klassiker – Linsen, Spätzle und Saitenwürstchen – mit auf den Weg. Für unser Abendessen ist also gesorgt.

Wir bedanken uns für die Gastfreundschaft und machen uns dann wieder auf den Weg nach Hause. Die vielen positiven Eindrücke und Bilder der vergangenen Stunden begleiten mich.

Unterwegs fällt mir ein, dass für heute Abend in Kirchensall ein Helferfest für alle geplant ist, die beim letzten Fußballgerümpelturnier – einem Fußballturnier der lokalen Freizeitmannschaften – mit angepackt haben. Normalerweise wäre ich dort sehr gerne hingegangen, aber in Anbetracht meiner gesundheitlichen und beruflichen Situation verzichte ich lieber darauf.

Gegen 14.00 Uhr kommen wir wieder zu Hause an. Wir verstauen unsere Reisetasche, leeren den Briefkasten und heizen den Kaminofen an. Nach einem kleinen Imbiss verabschiede ich mich wieder von meiner Frau und fahre zur Dienststelle nach Waiblingen.

Als ich dort ankomme, herrscht reger Betrieb. Mein Stellvertreter ist ebenfalls anwesend und informiert mich nach einer ersten Tasse Kaffee über den Stand der Dinge. Die Informationen sind schnell ausgetauscht. Die Nacht verlief sehr ruhig, die geschaltete Hotline wurde so gut wie nicht in Anspruch genommen.

Er teilt mir außerdem mit, dass am kommenden Montag um 9.00 Uhr die »Technische Einsatzleitung« im Feuerwehrgerätehaus in Winnenden ihre Arbeit aufnehmen wird.

Diese »Technische Einsatzleitung« ist eine Einrichtung der Behörden und Organisationen, die Sicherheitsaufgaben wahrnehmen. Diese Instanz ist in den kommenden Tagen für die komplette Planung und Koordination aller »Blaulicht-Kräfte«, die bei der Trauerfeier eingesetzt werden, in logistischer und taktischer Hinsicht zuständig. Dort werden alle externen und internen Anfragen und Aufgaben zusammenlaufen.

Teil dieser Einsatzleitung sind verantwortliche Vertreter von Polizei, Rettungsdienst, Leitender Notarztgruppe, der ehrenamtlichen Formation des DRK-Kreisverbandes wie Sanitäts- und Betreuungsdienst, der Notfallseel- und Nachsorge, der Stadtverwaltung, der Landkreisverwaltung und viele andere.

Die Zusammensetzung richtet sich neben den gesetzlichen Vorgaben immer auch nach dem jeweiligen Ereignis.

Wir legen fest, dass wir an der ersten Besprechung gemeinsam teilnehmen werden, um dann zu entscheiden, wer an welcher Stelle die entsprechenden Aufgaben wahrnimmt.

Heute findet außerdem die Beisetzung eines der Opfer statt. Ich hoffe sehr, dass die Beerdigung würdevoll und ohne lästige Zaungäste ablaufen kann.

Ein Anliegen, das mir besonders am Herzen liegt, ist die allgemeine Verfassung unserer Kollegen im Rettungsdienst. Auf meine Nachfrage hin erfahre ich aber, dass es bisher aufgrund des Einsatzes vom Mittwoch noch keine personellen Ausfälle gegeben hat.

Das beruhigt mich im Moment, obwohl mir durchaus bewusst ist, dass die gesundheitlichen Folgen nach einem solchen Ereignis auch erst nach Wochen, Monaten oder sogar Jahren spürbar werden können.

Weitere Informationen sind im Moment nicht auszutauschen, so dass ich mich meinem Schreibtisch widme und den PC anschalte.

Als ich meine E-Mails durchgehe, wundere ich mich über zum Teil unglaubliche »Hilfsangebote« aus allen Fachrichtungen. Mir war nicht bekannt, wie viele selbst ernannte »Experten« wir zum Thema Amoklauf in Deutschland haben, die gerne jede Chance zur Selbstdarstellung nutzen.

Es sind sogar solche »Experten« darunter, die einmal ein Fachbuch gelesen haben und dann meinen, dass sie mit ihrem theoretischen Wissen in der Lage sind, solche Ereignisse aus der Ferne analysieren zu können. Unglaublich!

Nach dieser unerfreulichen Aufgabe will ich mich auf den Weg nach Winnenden machen, um mit den Verantwortlichen der ehrenamtlichen Formationen zu besprechen, ob sie weitere Unterstützung von uns benötigen.

Auf dem Weg dorthin stockt der Verkehr immer wieder. Grund dafür sind unter anderem die vielen Katastrophentouristen aus nah und fern.

Die Polizei hat die Zufahrtsstraße zur Albertville-Realschule großräumig abgesperrt, da sich unzählige Fußgänger auf dem Weg befinden.

Ich möchte diese Leute wirklich nicht verurteilen, aber ob die vielen Besuche für die Winnender Bevölkerung wirklich hilfreich sind, sei dahingestellt.

Als ich zu Fuß zur Hermann-Schwab-Halle gehe, sehe ich ein riesiges Blumenmeer vor der Albertville-Realschule, in dem viele Plakate, Bilder, Stofftiere und weitere sehr persönliche Dinge liegen.

Davor stehen oder laufen Menschen in einer für die Situation ganz merkwürdigen, zeitlupenartigen Geschwindigkeit.

Als ich die Halle betrete, bemerke ich, dass auch heute die Anlaufstelle für Gespräche zwischen Schülern, Lehrern und Eltern sehr intensiv genutzt wird.

Ich suche meine Ansprechpartner und finde sie im abgetrennten Bereich, der als Lage- und Führungszentrum der ehrenamtlichen Formationen dient. Nach einer herzlichen Begrüßung frage ich nach der allgemeinen Situation und lasse mir erzählen, wie die Kollegen mit den anfallenden Aufgaben

fertig werden. Ich erfahre, dass es von vielen Seiten Unterstüt-
zungsangebote gibt und die Zusammenarbeit mit allen Stellen
absolut flüssig und unproblematisch verläuft. Die Hilfe von
anderen DRK-Kreisverbänden und weiteren Organisationen
hat man in Abstimmung dankbar angenommen. Auch der Einsatz der vielen Helfer läuft gut.

Mir liegt auch bei den Ehrenamtlichen die psychische und
physische Verfassung am Herzen. Besonders die Kollegen, die
in der Betreuung eingesetzt werden, müssen viel verarbeiten.
Aber sie sind sich ihrer Aufgabe deutlich bewusst und versuchen, für sich auch Ausgleiche zu schaffen. Trotzdem bitte ich
darum, immer ein wachsames Auge auf die Kolleginnen und
Kollegen zu haben.

Wir unterhalten uns noch über die weitere Planung des
Wochenendes. Eine notwendige Unterstützung durch den Rettungsdienst deutet sich jedoch im Moment nicht an. Allerdings stehen wir für Engpässe natürlich immer zur Verfügung.

Ich bedanke mich für das Gespräch und hole mir einen Becher Kaffee mit Milch und Zucker.

Hinter dem Gebäude habe ich die Gelegenheit, mich mit einem Polizisten zu unterhalten, der die Halle zu sichern hat. Er erzählt mir, dass er bei der Bereitschaftspolizei in Göppingen seinen Dienst versieht und im Ostalbkreis wohnt. Genau wie ich hat er zwei Kinder, die allerdings deutlich jünger sind als meine. Wir unterhalten uns über die vergangenen Tage, jeder aus seiner Sicht.

Er hätte es nicht für möglich gehalten, dass sich quasi vor unserer Haustüre eine solche Tragödie abspielt, erzählt er mir. Das habe ihn sehr nachdenklich gemacht. Ihm sei in den vergangenen Tagen deutlich geworden, wie wichtig der Rückhalt innerhalb der Familie sei, um so einen Einsatz gut zu bewältigen. Da kann ich ihm nur zustimmen und ich erzähle ihm kurz von meiner kleinen Auszeit im Kreis von Familie und Freunden.

Das Klingeln meines Handys beendet unser Gespräch. Es scheint, als würde dieser Einsatz bei den meisten, die involviert sind, Fragen nach dem aufwerfen, was im Leben wirklich hält und wichtig ist.

Ich verabschiede mich von dem Kollegen der Polizei und denen der ehrenamtlichen Formation. Meinem Stellvertreter gebe ich durch, dass der Rettungsdienst am Wochenende nicht zur Unterstützung benötigt wird und ich deshalb auch heute nicht mehr in die Dienststelle zurückkehren werde. Er sagt mir, dass er ebenfalls die Heimreise plane.

Die Leitstelle kann uns bei Bedarf jederzeit kontaktieren, unser nächster Termin findet aber offiziell erst am Montag um 7.00 Uhr im Büro statt.

Gegen 19.00 Uhr bin ich wieder zu Hause. Meine Frau hat noch nicht mit mir gerechnet und freut sich umso mehr, dass ich schon da bin.

Nach einem kleinen Abendessen und einem kurzen Spaziergang um den Block lassen wir uns auf unserer Couch nieder. Erst jetzt merke ich, wie müde ich eigentlich bin. Es dauert nicht lange, bis mir die Augen zufallen und ich um mich herum nichts mehr wahrnehme.

Als meine Frau gegen Mitternacht einen sehr vorsichtigen Weckversuch unternimmt, damit wir ins Bett gehen können, schnelle ich wie eine Sprungfeder hoch und sitze mit weit aufgerissenen Augen auf dem Sofa. Ich brauche noch etwas Zeit, um mich einigermaßen zurechtzufinden und trotte dann wortlos ins Bad. Trotz meiner Erschöpfung brauche ich danach wieder eine ganze Weile, bis ich erneut einschlafen kann.

Sonntag, 15. März 2009

Als ich an diesem Sonntagmorgen gegen 8.00 Uhr aufwache, habe ich zum ersten Mal tief und fest durchgeschlafen. Und das hat mir gut getan, denn auch von meiner Herzrhythmusstörung ist nichts zu spüren.

Ich bleibe noch eine Weile im Bett liegen und lasse die Bilder und Eindrücke des gestrigen Tages auf mich wirken, bevor ich aufstehe und Frühstück mache.

Da meine Frau und ich unter der Woche nicht gemeinsam frühstücken, zelebrieren wir das seit Jahren ausführlich am Wochenende. Dabei können gut und gerne zwei bis drei Stunden ins Land gehen.

An diesem Sonntag kreisen unsere Gespräche um die vergangene Woche und um die Zeit seit Mittwoch. Wir unterhalten uns ausgiebig über das Erlebte, die Bilder, die uns vor Augen stehen, unsere Eindrücke und Gedanken, über die vielen geführten Gespräche und die zahlreichen Gesten. Wir stellen fest, dass sich seit dem Mittwoch auch bei uns etwas verändert hat.

Es ist der stille und dennoch intensive Umgang im täglichen Miteinander. Wir merken, dass wir nicht immer viele Worte brauchen, um zu verstehen, was gemeint ist. Manche Dinge brauchen einfach Zeit, um sich zu entfalten, nicht unbedingt mehr Worte. Und oft sagt eine Geste mehr als ein ganzer Monolog.

Der Austausch tut uns gut. Satt und auch mental gestärkt räumen wir den Frühstückstisch ab. Meine Frau widmet sich an diesem frühen Nachmittag lästigem Papierkram, während ich mich wieder auf den Weg nach Winnenden zur Hermann-Schwab-Halle mache. Dort möchte ich mich über die laufenden Aktivitäten informieren und gleichzeitig mit den verantwortlichen Kolleginnen und Kollegen der ehrenamtlichen Formationen über den weiteren Ablauf ins Gespräch kommen.

Als ich losfahre, merke ich schnell, dass es nicht einfach sein wird, nach Winnenden zu kommen. Schon kurz hinter unserem Wohnort Schwaikheim gerät der Verkehr auf der sonst wenig befahrenen Strecke ins Stocken. Das Verkehrschaos, das die Polizei prognostiziert hat, ist eingetreten.

Ich reihe mich in die Fahrzeugschlange ein und lasse mich langsam treiben. Dabei stelle ich mir die Frage, was all diese Menschen hier wohl wollen. Geht es um Anteilnahme und Trauerbewältigung? Sind das Beileidsbekundungen? Oder wollen sie auf diese Weise ihre Verbundenheit und Solidarität zeigen?

Menschen trauern auf sehr unterschiedliche Art und Weise und ich respektiere auch jeden Ausdruck und jede Form der Trauer und der Anteilnahme. Auch kann ich verstehen, dass sich Menschen aus allen Teilen Baden-Württembergs, den benachbarten Bundesländer, dem gesamten In- und Ausland mit Winnenden verbunden fühlen. Aber ich bin auch davon überzeugt, dass sich einige auf den Weg gemacht haben, um anschließend sagen zu können: »Ich war auch dabei.«

Diesen Katastrophentourismus wird es wohl so lange geben, wie es die Menschheit gibt.

Mir bleibt reichlich Zeit zum Nachdenken. Für die sieben Kilometer lange Strecke brauche ich heute 45 Minuten.

Schon als ich die Straße in Richtung Halle entlangfahre, erdrücken mich die Bilder, die ich sehe. An der Halle angekommen, steige ich aus und bleibe eine Weile wortlos stehen. Ich sehe mir das Treiben an, das sich in der Straße und vor der Schule abspielt. Was ich sehe, ist eine merkwürdige Mischung aus echter Anteilnahme und Trauer und Spaziergängern, die entlangbummeln und flanieren.

Nach einigen Minuten gehe ich in die Halle und suche dort die Führungskräfte der ehrenamtlichen Formation. Hier ist heute sehr wenig Betrieb. Dies hängt damit zusammen, dass viele Angehörige ihre eigene »Auszeit« im Familienkreis nehmen.

Entsprechend zügig können wir alles Notwendige besprechen. Neue Maßnahmen aus Sicht des Rettungsdienstes muss ich momentan nicht veranlassen. Für morgen ist um 9.00 Uhr die erste Besprechung der » Technischen Einsatzleitung« angesetzt, an der auch die Verantwortlichen der ehrenamtlichen Formation teilnehmen werden.

Wir trinken noch zusammen einen Becher Kaffee, bevor ich mich wieder auf die Heimreise nach Schwaikheim mache.

Zu Hause hat meine Frau mittlerweile ihren Papierkrieg gewonnen und sich ein Buch geschnappt. Wir gehen noch eine Stunde spazieren. Dabei unterhalten wir uns auch über einen Termin, der morgen ansteht. Ich habe nämlich wegen meiner Herzrhythmusstörung eine Verabredung mit einer Heilpraktikerin und bin sehr gespannt und auch ein bisschen verunsichert. Ich habe keine Vorstellung davon, was mich dort erwartet.

Meine Vorstellungen von diesem Besuch reichen von duftenden Räucherstäbchen auf einer Kissenwiese bis hin zu unbequemen Entspannungsliegen. Außerdem fürchte ich die obligatorische Frage: » Wie geht's uns denn heute?«

Wenn mich jemand mit »uns« anspricht, hat er bei mir direkt verspielt. Wenn ich etwas nicht ausstehen kann, dann das. Und ich fürchte, dass genau das morgen auf mich zukommen wird.

Nach unserem Spaziergang und einem heißen Tee übe ich noch ein paar Takte auf dem Schlagzeug. Die Musik und die

Konzentration auf meine Übungsstücke lenken mich ein Stück von der Realität ab und helfen mir dabei, abzuschalten.

Der Abend verläuft in ruhigen Bahnen und ich falle ins Bett, ohne dass sich mein Herz unangenehm bemerkbar gemacht hätte.

Trauerfeier in Weiler zum Stein

Montag, 16. März 2009

5.45 Uhr.

Der Wecker klingelt.

Heute ist es also so weit. Heute ist der Tag, an dem ich eine Heilpraktikerin aufsuchen werde. Eigentlich bin ich mit der »Schulmedizin« aufgewachsen und kein leidenschaftlicher Verfechter der Naturheilkunde. Aber in diesem Fall glaube ich, dass sich mit Medikamenten wie Betablockern zwar die Symptome behandeln lassen, nicht aber die Ursache. Und ich möchte der Ursache der plötzlichen Herzrhythmusstörung auf den Grund gehen. Trotzdem bin ich nervös.

Auf dem Weg zum Auto ruft mir meine Frau noch hinterher, dass sie sehr gespannt auf das Ergebnis meines Heilpraktikertermins sei. »Ja, das bin ich auch«, rufe ich zurück.

Kurz nach 7.00 Uhr treffe ich an meiner Dienststelle ein. Es ist wieder ein nasskalter und trüber Tag, aber sonst liegt nichts Ungewöhnliches vor.

Der wichtigste Punkt auf der heutigen Agenda ist die »Technische Einsatzleitung«. Deswegen machen sich mein Stellvertreter, mein Kollege des Führungsdienstes und ich auf den Weg nach Winnenden, da die Einsatzleitung um 9.00 Uhr die Arbeit aufnehmen soll.

Bis Samstag wird sie im Feuerwehrgerätehaus in Winnenden ihr Quartier haben und die Sicherheitsvorkehrungen für die Trauerfeier mit Staatsakt planen und vorbereiten.

Unser gemeinsames Ziel ist es, einen würdevollen und sicheren Ablauf der Trauerfeier zu garantieren.

Gleichzeitig mit uns trifft auch Dr. Goertz aus Karlsruhe in Winnenden ein. Er wurde vom Regierungspräsidium darum gebeten, an den ersten Gesprächen für die Planung der Trauerfeier als Fachberater teilzunehmen. Die Begrüßung zwischen ihm und mir fällt nach der Begegnung am Mittwoch sehr herzlich aus. Es ist, als würden wir uns schon ewig kennen.

Die Sitzung beginnt pünktlich um 9.00 Uhr und wird von einem Vertreter des Regierungspräsidiums Stuttgart eröffnet, moderiert und verantwortlich geleitet.

Zunächst werden die verantwortlichen Ansprechpartner und die ständigen Mitglieder der Technischen Einsatzleitung von den jeweiligen Dienststellen benannt und festgelegt, bevor es an die Einzelaufgaben und deren Umsetzung geht. Nach gut zwei Stunden ist deutlich zu erkennen, dass es für alle Beteiligten eine Mammut-Aufgabe werden wird. Aber wir stellen uns der Herausforderung gern.

Die Aufgabenspanne reicht von der einfachen Bereitstellung von Tee über die Verkehrslenkung bis hin zur rettungsdienstlichen und notärztlichen Absicherung.

Aus unerklärlichen Gründen macht sich jetzt auch wieder meine innere Unruhe bemerkbar. Ausgerechnet so kurz vor dem Heilpraktiker-Termin.

Die Mittagspause nutze ich als Gelegenheit, um mich von der Runde zu verabschieden und mich auf den Weg nach Öhringen zu machen.

Die Fahrt strengt mich an. Es graupelt die ganze Zeit und die Straßenverhältnisse sind alles andere als gut. Außerdem beschäftigt mich der bevorstehende Termin.

»Was kommt da bloß auf mich zu?«, denke ich mir. »Was will die von mir wissen? Ergibt es überhaupt Sinn, zu einer Heilpraktikerin zu gehen, oder wäre es nicht doch besser gewesen, die ärztlichen Verordnungen anzunehmen?«

Mit diesen Fragen und ohne Antworten erreiche ich nach einer Stunde anstrengender Fahrt mein Ziel. Mit einem unsicheren Gefühl und unangenehmer innerer Unruhe stehe ich vor der Praxistüre und läute.

Die Tür geht auf und Ellen steht vor mir. Die Heilpraktikerin ist keine Unbekannte, sondern die Frau meines Neffen. Wenn man sich schon in unbekanntes Terrain wagt, dann doch am besten mit vertrauten Personen. Bisher habe ich mich mit ihrem Aufgabenfeld allerdings noch nie auseinandergesetzt. Schließlich war ich gesund. Ellen bittet mich herein und etwas zögernd betrete ich ihre Praxisräume.

Nachdem ich meine Jacke abgelegt habe, frage ich sie mit einem verschmitzten Lächeln, wo denn die Räucherstäbchen wären. Sie schaut mich etwas verwundert an und fragt, welche Räucherstäbchen ich meine.

»Na, die Räucherstäbchen für die Behandlung«, antworte ich mit ernster Miene. »Das gehört doch dazu wegen der Umgebungsluft, der Ausstrahlung und überhaupt.«

Ellen bricht in schallendes Gelächter aus und ich sitze da und grinse mit.

Nachdem sie sich wieder beruhigt hat, fragt sie mich, welchen schlechten Film ich denn über Naturheilkunde gesehen hätte. Ich spare mir also die Fragen nach der Kissenwiese und der unbequemen Entspannungsliege. Das Eis ist gebrochen. Nachdem wir uns grundsätzlich über die Behandlungsmöglichkeiten in der Naturheilkunde unterhalten haben, lege ich meine Nervosität ab und fange tatsächlich an, mich zu entspannen.

Ich sitze in einem sehr bequemen Korbsessel auf Augenhöhe mit meiner Heilpraktikerin Ellen. Wir unterhalten uns zunächst über dies und das. Belangloses Zeug, den Eindruck habe ich jedenfalls. In Wirklichkeit ist dies der Einstieg in ein mehr als zweistündiges Gespräch. Ich rede fast ununterbrochen und sie hört mir einfach nur zu und macht sich ab und zu ein paar Notizen. Es ist eine Art Gesprächstherapie.

Nach diesen reichlich zwei Stunden bin ich zwar innerlich erleichtert, aber auch sehr schlapp und müde. Ellen erklärt mir, dass das normal sei und motiviert mich dazu, wiederzukommen. Sie ist sich sicher, dass meine Herzrhythmusstörungen dadurch verschwinden werden, weil die Ursachen dafür nicht körperlicher, sondern psychischer Art sind.

Trotz meiner Skepsis willige ich ein, da mich das erste Ergebnis neugierig gemacht hat. Nach drei Stunden mache ich mich wieder auf den Heimweg nach Schwaikheim.

Das Wetter ist immer noch miserabel und es mischen sich Graupelschauer mit der Dunkelheit. Während der Fahrt klingt der Besuch bei der Heilpraktikerin noch nach.

Ich fühle mich jetzt deutlich entspannter als auf der Hinfahrt. Da hat man schon so lange mit Ärzten und der Medizin zu tun und trotzdem gibt es immer noch Dinge, die einen erstaunen. Wer hätte gedacht, dass Gespräche so einen positiven Einfluss auf mein Herz haben.

Gegen acht Uhr komme ich zu Hause an und meine Frau erwartet mich schon.

Während wir zu Abend essen, erzähle ich ihr sehr ausführlich von meinem fast dreistündigen Besuch bei Ellen und was ich dabei alles erfahren habe. So dauert dieses Abendessen heute fast zwei Stunden.

Und auch dieses Gespräch tut mir gut. Ich telefoniere noch eine Weile mit meinen beiden Jungs, bevor ich den Abend langsam ausklingen lasse.

Als ich schließlich im Bett liege, fällt mir auf, dass ich heute das erste Mal an etwas anderes denken kann als an die Ereignisse am 11. März.

Dienstag, 17. März 2009 bis Freitag, 20. März 2009

Die Tage beginnen wie sonst auch mit dem Weckerklingeln um 5.45 Uhr.

Aber etwas ist neu: Die innere Unruhe ist verschwunden. Ich schlafe ruhig und ich schlafe durch.

Pünktlich um 7.00 Uhr fängt der Dienst in der Rettungsdienstverwaltung an. Was sich jedoch in diesem Zeitraum täglich, manchmal fast stündlich ändert, ist das Arbeitspensum. Je näher der Samstag heranrückt, desto mehr steigt es an.

Neben den Planungen für die Rahmenbedingungen der Trauerfeier mit Staatsakt, für die etwa 30 000 Trauergäste erwartet werden, laufen auch die Planungen für den Einsatz der insgesamt 1 500 Einsatzkräfte auf Hochtouren. Polizei, Rettungs- und Notarztdienst, Sanitäts- und Betreuungsdienst, der Notfallnach- und Notfallseelsorgedienst sowie weitere Einsatzkräfte müssen koordiniert werden. Natürlich gehen trotzdem die laufenden alltäglichen Aufgaben mit kleineren und größeren Einsätzen weiter. Nach wie vor kümmern wir uns um den Dienstbetrieb in der Hermann-Schwab-Halle und auch die einzelnen Bestattungen erhalten von uns rettungsdienstliche Unterstützung.

Jeden Tag kommen neue Herausforderungen auf uns alle zu. Gemeinsam arbeiten wir motiviert daran, dass alles zügig umgesetzt wird.

Gerade in diesen Tagen der Anspannung und höchsten Konzentration stelle ich überrascht fest, dass sich meine Herzprobleme deutlich verringert haben. Die meiste Zeit gibt es überhaupt keine Auffälligkeiten und nur sehr selten machen sie sich für einen kurzen Moment bemerkbar.

Mir war nicht bewusst, wie sehr unser Unterbewusstsein und unser Seelenleben Einfluss auf die Gesundheit haben, sowohl negativ als auch positiv.

Was sich in diesen Tagen besonders einprägt, ist die Solidarität und die große Verbundenheit der Mitarbeiter untereinander. Aber nicht nur das. Auch die vielen Menschen, die ich in diesen Tagen kennenlernen darf, signalisieren uns immer wieder, wie sehr sie für unsere Einsätze dankbar sind. Diese Wertschätzung ist genau das, was einem so unheimlich guttut und gleichzeitig Kraft, Ausdauer und Motivation gibt.

In diesen vier Tagen bringe ich einen wahren Sitzungsmarathon hinter mich.

Es sind teilweise bis zu sechs Sitzungen oder Vor-Ort-Termine pro Tag, die ich wahrnehmen muss. Aber ich fühle mich wohl in der Runde der Technischen Einsatzleitung. Auch wenn der Grund für unsere Zusammenarbeit ein sehr tragischer ist, erlebe ich ein außergewöhnlich gutes Miteinander. Alle Beteiligten ziehen an einem Strang und haben ein gemeinsames Ziel vor Augen: eine würdevolle Trauerfeier möglich zu machen. Bei dieser Zusammenarbeit geht es nicht um Befindlichkeiten oder Selbstdarstellung, sondern einzig und allein darum, dieser Aufgabe gerecht zu werden.

Ich bin stolz darauf und dankbar zugleich, dass ich mit Menschen zusammenarbeiten darf, die das Herz am rechten Fleck haben und mit Mut Entscheidungen treffen. Sie sind Kenner ihres Fachs und bringen gleichzeitig den nötigen Pragmatismus mit.

Hier sind eindeutig die richtigen Menschen zum richtigen Zeitpunkt am richtigen Ort.

Roland Goertz, der damalige Einsatzleiter beim Amoklauf in Erfurt, begleitet und unterstützt uns auch in dieser Phase noch eine ganze Weile in allen Fachbereichen.

Am Mittwoch verabschiedet er sich mit den Worten, dass er mir für Samstag sehr viel Kraft und Durchhaltevermögen wünsche und er sich absolut sicher sei, dass wir diese große Aufgabe und Herausforderung würdevoll meistern werden.

Ich bedanke mich bei ihm für die Unterstützung, für die hilfreiche Begleitung und das von Anfang an offene Verhältnis. Gleichzeitig vereinbaren wir einen Telefontermin für nächste Woche, in dem ich ihm über den Verlauf des Samstags berichten werde und in dem wir einen Termin für einen Besuch bei ihm in Karlsruhe vereinbaren werden.

Zum Schluss nehmen wir uns wortlos in die Arme. Diese Geste sagt mehr als tausend Worte. Wir sind in den vergangenen Tagen Freunde geworden.

Es wird jeden Abend spät, bevor ich die Dienststelle verlassen kann. Vor 22.00 Uhr komme ich nie nach Hause.

Alle Aufgaben, die in der Technischen Einsatzleitung an unseren Bereich weitergegeben werden, müssen zunächst bei uns in der Dienststelle so aufbereitet werden, dass sie von anderen auch umgesetzt werden können. Neben den vielen Absprachen innerhalb der Sitzungen müssen wir also auch die entsprechende Vorarbeit leisten.

Um keine bösen Überraschungen zu erleben, haben wir den Ablauf am Samstag präzise geplant. Angefangen von der Anzahl des Personals und der Fahrzeuge bis hin zu den einzelnen Standorten der einzurichtenden Stationen von »mobilen« Rettungswachen muss alles kalkuliert werden. Detailfragen zu den Themen Funk und Telekommunikation werden geklärt, Verantwortlichkeiten der einzelnen Einsatzabschnitte festgelegt und, so banal es klingen mag, die Versorgung der Einsatzkräfte mit Getränken und Lunchpaketen sichergestellt. Die Hauptaufgabe des Rettungsdienstes besteht darin, die notfallmedizinische Versorgung vor, während und nach der Trauerfeier sicherzustellen.

Der reguläre Rettungsdienst für den gesamten Rems-Murr-Kreis bleibt hiervon völlig unberührt und muss wie gewohnt funktionieren. So haben wir mehr als das doppelte Personal für Samstag eingeplant.

Doch trotz der hohen Arbeitsbelastung sind jede Stunde und jede Minute dieser Tage sehr wertvoll und kostbar für mich. Das Feedback, das ich in dieser Gruppe auf so vielfältige Weise erhalte – durch Mimik, Gesten und Worte –, trägt dazu bei, dass sich bei mir etwas verändert. Ich begegne fremden Menschen mit weniger Skepsis und beurteile ihre Charaktereigenschaften nicht mehr so schnell und weniger voreilig. Dafür bin ich in den vergangenen Tagen zu oft überrascht worden.

Heute ist also der besondere Tag. Heute ist der Tag, an dem die gesamte Republik und ganz besonders die Einwohner des Rems-Murr-Kreises, Freunde, Bekannte und Verwandte von den Opfern der Amoktat am 11. März 2009 offiziell Abschied nehmen werden. Heute findet die Trauerfeier mit Staatsakt statt.

Dies ist auch der Tag, der uns Einsatzkräfte noch einmal in besonderer Weise fordert. Auch für uns ist dies ein wichtiger Meilenstein. Wir können heute unseren Beitrag dafür leisten, dass dieser Tag auch für uns zu einem versöhnlichen Abschluss mit diesem hässlichen Einsatz führt.

Bereits um 5.00 Uhr klingelt mein Wecker.

Leise verlasse ich das Schlafzimmer, um meine Frau nicht zu wecken.

Entgegen meinen sonstigen Gewohnheiten esse ich heute noch schnell zwei Brote, bevor ich das Haus verlasse.

Die B 14 ist um diese Zeit fast menschenleer und ich lasse mich von der morgendlichen Ruhe anstecken und fahre ohne Eile nach Waiblingen. Es ist halb sieben, als ich an der Dienststelle ankomme.

Die Disponenten, die die Nachtschicht in der Leitstelle hatten, sind noch da. Ich begrüße sie kurz, bevor ich mein Büro aufsuche, um mich umzuziehen.

Heute werde ich die komplette Einsatzkleidung tragen: rote Hose, Polo- und Sweatshirt, Einsatzstiefel und die Einsatzjacke, die in der vergangenen Zeit zu meiner zweiten Haut geworden ist.

Währenddessen treffen die Kollegen ein und der Bürotrakt beginnt sich zu füllen.

Für 7.00 Uhr habe ich eine Unterweisung aller eingesetzten Rettungsdienstkräfte der heutigen Trauerfeier angesetzt. Der Leitende Notarzt unterstützt mich dabei.

Parallel zu unserer Besprechung werden in einem anderen Trakt des Gebäudes die Einsatzkräfte der ehrenamtlichen Formation durch ihre Führungskräfte eingewiesen.

Als wir den Lehrsaal betreten, ist dieser nicht nur gut gefüllt, sondern brechend voll. Doch trotz der vielen Menschen herrscht eine überraschende Ruhe, man hört nur leises Murmeln.

Eine reichliche halbe Stunde dauert die Unterweisung. Die einzelnen Besatzungen der Fahrzeuge bekommen ihre Standorte zugeteilt und erhalten letzte Anweisungen und Hinweise. Man merkt, dass die ganze Mannschaft bis in die Fingerspitzen motiviert ist. Sie machen sich zum Abmarsch fertig. Wir haben heute einiges vor.

Für diese Trauerfeier sind 49 Rettungsdienstkräfte und sieben Notärzte mit 23 Einsatzfahrzeugen unterwegs. Hinzu kommen von den ehrenamtlichen Formationen 312 Kräfte des Sanitätsdienstes, 105 Kräfte der Psychosozialen Notfallversorgung, 86 Kräfte der Versorgung/Unterstützung und zwölf allgemeine Ärzte mit insgesamt 76 Fahrzeugen.

Somit tragen der Leitende Notarzt und ich für 571 Einsatzkräfte und 99 Einsatzfahrzeuge die Verantwortung.

Für mich ist dieser Einsatz die größte Herausforderung in meiner beruflichen Laufbahn.

Um 7.45 Uhr setzt sich der Konvoi aus 23 Rettungsdienstfahrzeugen nach Winnenden in Bewegung.

Teile der Stadt sind zu diesem Zeitpunkt bereits durch die Polizei komplett abgeriegelt worden, um die Sicherheit der Trauerfeier zu gewährleisten.

Die Polizei hat an diesem Tag über 700 Beamte im Einsatz.

Der Leitende Notarzt, mein Stellvertreter und ich beziehen pünktlich um 8.00 Uhr unseren Standort am Feuerwehrgerätehaus in Winnenden. Dort werden wir wie in der vergangenen Woche auch in der Technischen Einsatzleitung vertreten sein und diesen Einsatz führen.

Bevor ich die Räumlichkeiten betrete, gehe ich alleine – so gut dies bei all den anwesenden Menschen überhaupt möglich ist – noch eine Runde über den Hof.

Ich bemerke die frische, trockene Frühlingsluft. Sogar die Sonne lässt sich sehen, so als ob sie uns sagen will: »Nur Mut!«

Bei dieser kleinen Runde über den Hof lasse ich meinen Gedanken freien Lauf und rekapituliere für mich noch einmal die letzten elf Tage. Ich sehe die Ereignisse vor mir und habe die Stimmung und die vielen Eindrücke vor Augen, als wäre alles erst gestern passiert. Ich denke an die vielen Gespräche, die ich geführt habe. Mit meiner Frau und meinen beiden Kindern, mit meinen Kollegen und mit Roland Goertz, mit meinem Freund und Pfarrer Gerhard Kern und vielen anderen Freunden und Bekannten.

Trauerflor

Komischerweise sind es gerade die Erinnerungen an die geführten Gespräche, die mich ruhig und gelassen machen. Von der inneren Unruhe, die mich anfangs noch befiel, gibt es jetzt keine Anzeichen. Mit diesen guten Gedanken und innerlicher Ruhe betrete ich das Feuerwehrgerätehaus, um meine Arbeit für den heutigen Tag aufzunehmen.

Der Einsatz selbst verläuft so, wie wir ihn geplant und vorbereitet haben. Die Zusammenarbeit aller Beteiligten ist wie in den vergangenen Tagen auch sehr positiv. Es gibt immer wieder vereinzelte kleine Hilfeleistungen, zu denen unsere Kräfte angefordert werden. Meistens handelt sich um Schwächeanfälle infolge von Flüssigkeitsmangel, die behandelt werden müssen.

An insgesamt 16 Stationen in und um Winnenden sind wir präsent.

Um zumindest per Bild den Trauergottesdienst verfolgen zu können, wurde ein Fernsehapparat im hinteren Bereich dieses großen Saals aufgestellt, in dem sich die Einsatzleitung befindet. Der Ablauf des Einsatzes lässt es zu, dass wir die Trauerfeier zum großen Teil mitverfolgen können.

Die Bilder, die wir zu sehen bekommen, sind ergreifend und bedrückend zugleich. Diese Stimmung überträgt sich auch auf den gesamten Raum.

Die Trauerfeier in der Borromäuskirche

Beim gemeinsam gesprochenen Schlussgebet erheben sich auch alle Anwesenden der Technischen Einsatzleitung von ihren Plätzen. Das ist ein Moment, der wohl in jedem etwas anrührt.

Nach einer ersten Schätzung der Polizei sind ca. 9 000 Trauergäste nach Winnenden gekommen. Der Staatsakt verläuft ohne Zwischenfälle in einem gebührenden Rahmen, so wie wir es uns alle gewünscht haben.

Gegen 15.30 Uhr kommt die Meldung, die den offiziellen Teil für beendet erklärt. Die Einsatzbereitschaft für alle Kräfte vor Ort kann aufgehoben werden. Nach dieser Mitteilung habe ich das Gefühl, als ob ich auf einen Schlag einhundert Kilogramm verloren hätte. Die Anspannung der letzten Tage weicht vom einen auf den anderen Augenblick und ich spüre eine Leichtigkeit, die es in den vergangenen elf Tagen nicht gegeben hat. Dieses Gefühl verbreitet sich im gesamten Saal. Bei allen Verantwortlichen herrscht Erleichterung darüber, dass sich unsere Planungen als richtig erwiesen haben und wir alle zu einer würdevollen Trauerfeier beitragen konnten. Wir sind erleichtert und zufrieden.

Mit genau diesen Gefühlen verabschiede ich mich eine Stunde später von den übrigen Kolleginnen und Kollegen des Gremiums. Gemeinsam mit dem Leitenden Notarzt, meinem Stellvertreter und dem Kollegen des Führungsdienstes fahre ich zur Dienststelle nach Waiblingen zurück. Auch auf der Fahrt klingt die Erleichterung und die Zufriedenheit noch nach. In der Dienststelle bitte ich alle inzwischen eingetroffenen Einsatzkräfte zu einem kurzen Abschlussgespräch in den Lehrsaal.

Ich frage nach Besonderheiten, die sich während des Einsatzes ergeben haben und lasse Freiraum, damit die Kollegen ihre Eindrücke vom heutigen Tag schildern können. Am Ende dieses Gespräches bedanke ich mich sehr herzlich bei den Einsatzkräften für ihre Unterstützung, für die sehr professionelle Arbeit und ihr Engagement auch außerhalb der regulären Dienstzeit.

Ich bin stolz darauf, eine solche Mannschaft zu haben.

Nachdem ich meine Einsatzkleidung wieder in den Schrank gehängt habe, telefoniere ich noch kurz mit meinen beiden Söhnen und erzähle ihnen von den Eindrücken des heutigen Tages. Wir verabreden uns für morgen. Es ist 18.30 Uhr, als ich mich auf den Heimweg nach Schwaikheim mache.

Ich freue mich auf zu Hause, auf meine Frau und auf ein paar Stunden, in denen ich Abstand von allem gewinnen kann.

Meine Frau und ich haben uns gestern noch sehr kurzfristig dazu entschlossen, den heutigen Abend und den morgigen Tag außerhalb des Rems-Murr-Kreises zu verbringen. Wir fahren wieder zu meinen Schwiegereltern nach Öhringen.

Bevor wir an unserem »Zweitwohnsitz« ankommen, legen wir einen Zwischenstopp bei unserem Lieblingsitaliener ein und essen eine Kleinigkeit. Anschließend schauen wir noch im »Hamballe« vorbei und lassen dort den Abend ausklingen.

Da wir unseren Besuch nicht angekündigt haben, sind wir die meiste Zeit unter uns. Aber das war auch unsere Absicht.

Als ich um Mitternacht im Bett liege, bin ich innerlich ruhig und mit mir im Reinen und schlafe sehr schnell ein. Mein Körper hat scheinbar damit begonnen, sein Recht auf Regeneration durchzusetzen.

Der Tag danach

Stuttgarter Nachrichten (23. März)

Ein Meer aus Tränen
Zwischen Trauer und Hoffnung:
Bewegende Trauerfeier in Winnenden

Winnenden
Erst das schwarze Tuch, dann die farbigen Tücher. Mit einer ergreifenden Zeremonie, die Trauer wie Hoffnung vereinte, ist der 15 Opfer des Amoklaufs von Winnenden und Wendlingen gedacht worden.

Es ist kalt an diesem Samstagmorgen. Nicht nur meteorologisch, auch mental. Keine Freude, kein Lachen, kein lautes Reden. Die Menschen tragen Schwarz. Stille ist der beherrschende Stil. Nur das Knattern der Polizeihubschrauber, mit denen die Prominenten einschweben, ist zu hören. Aber drinnen in der schlichten St.-Karl-Borromäus-Kirche sind sie alle gleich: Ehrengäste wie Hinterbliebene, Mitschüler wie Lehrer, Polizisten wie Pfarrer, Notfallseelsorger wie Rettungssanitäter – 850 Menschen vereint in der Trauer über die Tragödie vom 11. März.

Eine Frau lehnt ihren Kopf an die Schulter ihres Mannes. Andere stützen sich auf Kirchenbänke. Das leise Weinen, es wird zur Begleitmusik, die sich wie Blei über die 850 Besucher legt. Erst recht, als die Namen der

15 Opfer verlesen werden und Schüler der Albertville-Realschule für jeden Toten eine Kerze entzünden und dazu eine gelbe Rose auf den Altar legen. Da mögen die Hinterbliebenen in den vergangenen Tagen noch so gut betreut worden sein, da mögen Politiker noch so intensiv über Konsequenzen aus der Tat diskutieren. Jetzt, in diesem Moment, kommen alle Emotionen hoch, schnüren Kehlen unsichtbar zu.

Landesbischof Frank Otfried July nennt es eine »Schockwelle, die über unser Land« gekommen ist. Der katholische Bischof Gebhard Fürst fügt hinzu: »Heute ist nicht die Zeit, daran zu denken, was zu tun sein wird und wo wir uns ändern müssen. Nein, jetzt ist die Zeit zum Weinen, zum Klagen und zum Trauern.« Die Kirche sei dafür der beste Begleiter, lautet die Botschaft der beiden Geistlichen. Indes, mancher auf den überfüllten Kirchenbänken mag sich fragen, wo denn Gott in jenem Moment war, als der 17-Jährige sein Blutbad anrichtete. Die Antwort gibt es so wenig wie die Auskunft über das Motiv dieses jungen Täters. Im Redemanuskript von July ist das Wort Warum in Großbuchstaben geschrieben.

Vielleicht wäre jetzt der Moment, um davonzulaufen, die Trauer herauszuschreien. Aber würde das etwas helfen? So bleibt die Masse der Menschen in ihren schwarzen Anzügen, in ihren dunklen Shirts und Jeans beisammen. Und sieht einen Bundespräsidenten, wie man ihn selten erlebt. Horst Köhler, der Weitgereiste in Sachen Politik und Wirtschaft, ist plötzlich einer von ihnen. Er ringt um Fassung. Seine Stimme bricht, als er zu Beginn des Staatsakts die Namen der Toten nennt und mit Blick auf den Täter Tim K. hinzufügt: »Nichts ist mehr wie es war. Er hat Familien in Trauer und Verzweiflung gestützt – auch seine eigene.« Tränenerstickt rückt der Bundespräsident seine Brille zurecht. Das Staatsoberhaupt, sonst ein Gefangener der strengen Protokollregeln, ist plötzlich ganz Mensch, ganz Vater. »Uns quälen die immer gleichen Fragen: Wie konnte das geschehen? Wie kann ein Mensch so etwas tun? Gab es keine Alarmsignale? Wir spüren, wie uns der Boden unter den Füßen weggezogen wird.«

Vorne, nur unweit von Altar und Rednerpult, stehen acht Hocker. Schüler der Albertville-Realschule haben dort selbst gebastelte Symbole niedergelegt – stellvertretend für jene Hoffnungen, die die Opfer vor ihrem Schicksalstag hatten. Nun liegt ein schwarzer Schleier über diesen Gegenständen – ein Herz für die Mitmenschlichkeit, Hände aus Gips für Hilfsbereitschaft, ein Fußabdruck für hoffnungsvolle Schritte in die Zukunft, ein Zeugnisheft stellvertretend für alle Prüfungen des Lebens, ein paar Ringe als Symbol für Freundschaften, ein Tanzkleid als Sinnbild für Lebensfreude, ein Scherenschnitt für den Zusammenhalt der Familien, ein Strauß Sonnenblumen für das Licht im Leben.

Aber wer mag an diesem Tag, da ein ganzes Land Trauer trägt, an das Licht und damit an Besserung glauben? Signale des Trotzes gibt es durchaus. Mehrere Familien von getöteten Kindern haben einen offenen Brief an den Bundespräsidenten, an Bundeskanzlerin Angela Merkel und Ministerpräsident Günther Oettinger geschrieben. Tenor des Hilferufs: Jugendlichen den Zugang zu Waffen erschweren. Killerspiele verbieten, Gewaltdarstellungen im Fernsehen einschränken, Jugendschutz im Internet ausbauen. »Es darf kein zweites Winnenden geben«, lautet die Botschaft.

Der Bundespräsident folgt ihr: »Sagt uns nicht der gesunde Menschenverstand, dass ein Dauerkonsum solcher Produkte schadet? Ich finde jedenfalls: Dieser Art von Marktentwicklung sollte Einhalt geboten werden.« Eine Einschätzung, die auch Ministerpräsident Oettinger in seiner Trauerrede teilt: »Der 11. März 2009 wird für immer ein trauriger Tag in der Geschichte unseres Landes bleiben. Er ist eingebrannt in unser kollektives Gedächtnis. Wir müssen überlegen, was sinnvoll und notwendig ist, um vorbeugend solchen Ausbrüchen von Gewalt entgegenzuwirken.«

Nur, was wird aus solchen Worten, wenn Winnenden erst einmal in Vergessenheit geraten ist? Zu welchen Maßnahmen werden sich Politiker, Fernsehschaffende und Spielehersteller durchringen können? Und was wird aus dem Appell des Bundespräsidenten, der vor einer zunehmenden Ausgrenzung in der Gesellschaft warnt: »Wie schön, klug und kraftvoll muss einer sein, um dazuzugehören? Und wie schnell fällt einer aus dem Rahmen, nur weil er anders ist, als wir es von ihm erwarten?«

Fragen über Fragen. Und keine Antworten. Zumindest die Schüler der Albertville-Realschule wollen für eine bessere Zukunft eintreten. Sie tragen schwarze T-Shirts, darauf in Anlehnung an Martin Luther King der Schriftzug »Ich habe einen Traum«. In Grün geschrieben, der Farbe der Hoffnung. Und so gehen sie, da die zweistündige Trauerfeier fast zu Ende ist, noch einmal in Richtung Altar, bedecken das Schwarz auf den Symbolen mit bunten Tüchern. »Gemeinsam können wir es schaffen, gemeinsam wollen wir versuchen, diese Träume zu verwirklichen«, sagt Schulleiterin Astrid Hahn.

> In diesem Moment gleicht die Kirche einem Meer aus Tränen. Freunde wie Fremde fassen sich an den Händen, schließen Reihen. Draußen wird es warm, die Sonne scheint. Es ist wie ein Aufbruchsignal.

Als ich an diesem Sonntagmorgen dass erste Mal meine Augen öffne, nehme ich die Stille um mich herum wahr. Das Fenster war in dieser Nacht offen und draußen ist noch alles ruhig. Ich genieße diesen leisen Tagesbeginn und bleibe ruhig neben meiner schlafenden Frau liegen.

Erst als das Haus langsam zum Leben erwacht, stehe ich auf. »Es wäre schön, den Morgen mit frischen Brötchen zu beginnen«, denke ich bei mir und beschließe kurzfristig, zum Bäcker zu fahren. Auf der Fahrt genieße ich den Blick über die Landschaft um mich herum. Der Frühling nimmt einen ersten Anlauf und hier und da beginnt es zaghaft zu blühen. Was für ein schöner Morgen.

Zurück vom Bäcker empfängt mich der Duft von frisch gebrühtem Kaffee.

Meine Schwiegereltern und meine Frau erwarten mich bereits am gedeckten Frühstückstisch. Zwei Stunden lang sitzen wir zusammen, essen, reden, lesen Zeitung.

Meine Frau und ich beschließen, Charly, dem Hund meiner Schwiegereltern, etwas Auslauf zu verschaffen und spazieren zu gehen.

Die Luft ist klar und der Wald riecht frisch. Einen großen Teil der Strecke legen wir wortlos zurück, nur Charly müssen wir ab und an zurückpfeifen. Wir spazieren in aller Ruhe, für Charly vermutlich zu ruhig.

Nach einer Weile fangen wir an zu reden. Gesprächsthemen stehen viele im Raum, aber wir kommen auf ein ganz bestimmtes zu sprechen. Wir haben uns dazu entschlossen, im September dieses Jahres zu heiraten. Obwohl wir schon zehn Jahre zusammen sind, gibt es zu diesem Thema eine ganze Menge zu sagen. Ich möchte, dass dieser Tag für uns beide etwas ganz Besonderes wird. Während wir mitten im Überlegen und Ideen-Austauschen sind, wird mir etwas deutlich: Ich stelle fest, dass ich tatsächlich die vergangenen elf Tage hinter mir lassen kann.

Ab jetzt geht es um die Zukunft. Um unsere gemeinsame Zukunft.

Schüler lassen Luftballons in den Himmel fliegen

Nachwort

Seit diesem 11. März 2009 mit seinen Folgetagen ist nun eine ganze Menge Zeit ins Land gezogen. Sieben Monate nach der Amoktat habe ich begonnen, das Erlebte aufzuschreiben. Ich habe lange mit mir gerungen und unzählige Gespräche mit meiner Frau geführt. Die sieben Monate habe ich gebraucht, um die Erlebnisse so weit zu verarbeiten, dass ich wieder über sie nachdenken und sie noch einmal erleben konnte. Ein komplettes Buch ist aus den ersten Notizen dann eine ganze Weile später geworden.

Wenn ich zurückblicke, wird mir deutlich, dass sich in der Zwischenzeit bei mir in dienstlicher wie auch in privater Hinsicht sehr viel verändert hat.

Nach Winnenden habe ich viel über mich und mein Umfeld, über meine Einstellungen und den Umgang mit mir selbst gelernt. Mir ist immer wieder neu bewusst geworden, welchen Wert das ganz normale, alltägliche Leben besitzt.

Zu meinen wichtigsten Erkenntnissen gehört eine positive Einstellung zu Veränderungen.

Es ist eine Tatsache, dass sich Veränderungen nicht von alleine ergeben. Man muss sie zulassen und dann den Mut haben, sie konsequent umzusetzen und mit ihnen zu leben. Dazu gehört auch das Abschneiden von »alten Zöpfen« und manchmal auch das Loslassen von lieb gewordenen Gewohnheiten. Daran arbeite ich immer wieder.

Die Erfahrungen der vergangenen Jahre tragen dazu bei, dass ich ausgeglichener wirke und handle. Das wiederum ist auch meiner Gesundheit zuträglich. Meine Heilpraktikerin hat es übrigens tatsächlich geschafft, meine Herzrhythmusstörungen innerhalb eines halben Jahres zu kurieren. Seitdem stand sie mir immer wieder zur Seite, etwa bei einem kürzlich erlittenen zweiten Hörsturz.

Aber alles in allem setzt sich meine neu erworbene Lebenseinstellung gegenüber den alltäglichen Dingen durch. Sie hilft mir dabei, vieles aus einem anderen Blickwinkel zu betrachten. Ich freue mich an den bunten Farben eines Gartens. Ich habe einen entspannteren Umgang mit den immer »sehr wichtigen« dienstlichen Belangen gelernt. Und ich nehme kleine Ärgernisse und Befindlichkeiten mittlerweile nicht mehr so wichtig und übe mich in gelassenen Reaktionen.

Das Jahr 2009 war für mich in unterschiedlichster Weise sehr wichtig und prägend.

Es gibt nur sehr wenige Momente bzw. Einsätze in meiner beruflichen Laufbahn, die ich abgespeichert habe. Anders wäre es auch nicht möglich, diesen Beruf überhaupt und vor allem über eine so lange Zeit auszuüben. Ich habe in meiner Zeit im Rettungsdienst sehr viele Menschen aller Altersklassen leiden und sterben sehen. Man muss von vornherein wissen, dass dieser Beruf auch seine negativen und hässlichen Seiten hat. Aber das Negative überwiegt nicht.

Was mir Kraft, Motivation und Ausdauer gibt, sind die positiven Momente und die Menschen, die mich dabei privat und beruflich begleiten. So war es auch bei der Tragödie von Winnenden.

Seit dieser Zeit bin ich sehr oft in Sachen »Amokprävention« unterwegs und halte im In- wie auch im Ausland Vorträge darüber. Zusammen mit Peter »Pit« Hönle, den Einsatztrainern der Polizeidirektion Waiblingen und dem DRK-Rettungsdienst konnten wir sehr viele Ideen, Pläne, Maßnahmen und Einsatztaktiken konzipieren und umsetzen. Eines ist mir dabei immer sehr wichtig: allen Berufsgruppen, die mit einer solchen Tat in dienstlicher Hinsicht in Berührung kommen können, die bestmögliche Unterstützung zu bieten. Ich hoffe sehr, dass andere aus unseren Erfahrungen lernen können und dass diese Einsatzkräfte selbst und aber vor allem die entsprechende Risikogruppe – nämlich die gesamte Bevölkerung – besser geschützt werden können. Einen hundertprozentigen Schutz hat es nie gegeben und den wird es auch weiterhin nicht geben. Auch wir können das nicht garantieren, so gerne wir dies auch für uns in Anspruch nehmen wollten. Wenn aber durch unsere Arbeit erreicht werden kann, dass ein Menschenleben weniger einer solchen Tat zum Opfer fällt, sind wir unserem Ziel ein ganzes Stück nähergekommen.

Aber nicht nur die Amoktat in Winnenden hat mein Leben nachhaltig geprägt. 2009 gab es ein sehr positives Ereignis, das bis heute nachhallt: die Hochzeit mit meiner Frau Steffi. Im September 2009 haben wir in Fellbach geheiratet. Es waren eine Menge Emotionen im Spiel, die mich bis heute bewegen, wenn ich daran zurückdenke. Allein schon die Gottesdienstgestaltung durch unseren Freund und Pfarrer Gerhard Kern haben wir als sehr ehrlich und intensiv erlebt. Und wenn dann noch die zwei erwachsenen Söhne bei der Hochzeit des Vaters anwesend sind, ist es nicht verwunderlich, wenn beim Vater Tränen fließen. Der Trauvers, den wir uns ausgesucht haben, ist für uns nicht nur privat bedeutsam. Mit Blick auf die Ereignisse des Jahres 2009 bekommt er eine noch viel größere Dimension: »Meine Zeit steht in deinen Händen«, heißt es in Psalm 31,16.

In vielen Gesprächen stellte ich immer wieder die gleiche Frage: »Warum gerade ich?« Gerhard Kern gab mir einmal eine Antwort darauf. Er sagte: »Weil der da oben dich dafür bestimmt hat.« Und er hat recht. Es gibt so viele Dinge, auf die wir keinen Einfluss haben. Meine Zeit steht tatsächlich in Gottes Händen.

Aus diesem Grund kann ich nur jedem immer wieder raten: Genieße jeden Moment, jede Begegnung, jedes Gespräch, jeden

Tag. Denn das ist das Leben und es ist so unendlich wertvoll. Oder um es mit dem Aphoristiker Hans Kudszus zu sagen: »Heute ist immer der Tag, an dem die Zukunft beginnt.«

Danksagung

Es ist mir ein großes Anliegen, mich beim SCM Hänssler-Verlag für die Bereitschaft meine Geschichte zu publizieren, zu bedanken.

Hier gilt mein besonderer Dank der Cheflektorin Frau Uta Müller sowie meiner Lektorin Frau Annegret Prause. Sie waren es, die mir sehr wertvolle Tipps, Anregungen, Hilfestellungen und vor allem Motivation gegeben haben, damit dieses Werk zu einer »runden« Sache werden konnte.

Ein herzliches Dankeschön gebührt an dieser Stelle meinem Freund und Pfarrer Gerhard Kern für seine sehr persönliche Einführung.

Bedanken möchte ich mich bei allen, die mich bisher in meinem Leben begleitet und somit dazu beigetragen haben, dass es an keinem Tag »langweilig« geworden ist.

Mein Dank gilt auch meinen Lesern.

Vielen Dank dafür, dass Sie mich durch diese »Elf Tage« begleitet haben.

Vielen Dank, dass Sie sich dafür die Zeit genommen haben.

Vielen Dank dafür, dass Sie mich moralisch unterstützt haben.

Vielen Dank, dass ich mit diesem Buch bei Ihnen zu Gast sein durfte.

Vielen Dank dafür, dass Sie für vieles Verständnis aufbringen.

Vielen Dank, dass Sie mich vielleicht auch kritisch betrachten.

Vielen Dank, dass Sie sich überhaupt dafür interessiert haben.

Ich wünsche Ihnen eine gesunde, glückliche und zufriedene Zukunft und Gottes Segen!

Damaris Kofmehl

Der Bankräuber
Die wahre Geschichte des Farzad R.

Paperback, 13,5 x 20,5 cm, 304 Seiten
Nr. 395.281,
ISBN 978-3-7751-5281-5

Ein maskierter Mann stürmt eine Bank im Allgäu und erbeutet
50 000 Mark. Der Täter ist Iraner, gerade 18 Jahre alt und hat bereits eine »Karriere« auf der Straße hinter sich. Es folgen bittere
Jahre hinter Gittern, bis Farzad einen radikalen Entschluss fasst ...

Damaris Kofmehl

Lori Glori

Paperback, 13,5 x 20,5 cm, 336 Seiten
Nr. 395.321,
ISBN- 978-3-7751-5321-8

Die bewegende Geschichte einer Sängerin – Zwischen Ruhm und
Gefängnis
Sie teilt die Bühne mit den Größen des Musikbusiness. Doch dann
zieht ihr eine Fehlentscheidung den Boden unter den Füßen weg.
Während ihre Stimme bei anderen für Hits sorgt, landet Lori erst
auf der Straße und dann im Gefängnis. Dies ist ihre Geschichte.

Bitte fragen Sie in Ihrer Buchhandlung nach diesen Büchern!
Oder schreiben Sie an: SCM Hänssler, D-71087 Holzgerlingen;
E-Mail: info@scm-haenssler.de; Internet: www.scm-haenssler.de